民族精神与文化主题书系(第二辑)
MINZUJINGSHENYUWENHUAZHUTISHUXI(DI ER JI)

让「人」做「好人」
——当代国民素质演进的历史性反思与发展性愿景

孙抱弘 ◎ 著

黑龙江教育出版社

"民族精神与文化主题书系"编委会

顾　　　问：李德顺　郭　湛　李景源　欧阳康

编委会主任：孙伟平

编委会成员：丁一平　丰子义　阎孟伟　马俊峰

　　　　　　邹广文　江　畅　胡　潇　李文阁

　　　　　　王新生　王宏刚　李佑新　刘进田

　　　　　　吴向东　戴茂堂　贾旭东　罗文东

　　　　　　孙美堂　陈代湘　崔唯航　宋舒白

学术秘书：周　丹　李绍楠

总　序

孙伟平

"人是要有一点精神的。"

民族亦然。

所谓民族精神，就是一个民族在长期的共同生活、共同社会实践过程中形成和发展的，为民族大多数成员认同并接受的思想品格和价值观念，是一个民族的文化传统、思想情感、心理特征、行为方式等的综合反映。

民族精神是一个民族的魂，是民族文化的统帅和核心。

文化是民族的血脉，是人民的精神家园。"人是一种文化动物"，一种以文化精神为灵魂的存在物。如果一个人丧失了对本民族文化的认同，离开了本民族文化的滋养，就会丧失心灵的归属感，失去自己的精神家园，沦为心灵无所寄托的无根的流浪者，形同没有灵魂、没有依归的行尸走肉。在这种情形下，一个人如果还想"回家"，抚慰自己伤痕累累、疲惫不堪的心灵，涌生的通常只会是无尽的"乡愁"。

同时，民族精神是以一个民族长期的生活实践、悠久的历史文化的独特个性为客观基础和内在根据的，其中蕴含着该民族根本性的利益和需要，包含着该民族共同的信仰和追求。在一个民族的文化系统中,民族精神既是统帅,又是支柱;既是灵魂,又是核心。不同民族的民族精神,反映出不同民族文化的鲜明特质和个性,反映了民族文化之间不可通约的关系,表现出一个民族内在的生命力和文化"软实力"。

民族精神是一个民族赖以生存和发展的精神支柱。

民族精神是将一个民族团结、聚合成一个有机的统一体的文化因素,是不断推动该民族生生不息、向前发展的内在精神动力。民族精神可以"武装"和塑造一个民族的人民,也可以左右甚至决定一个民族的命运。如果一个国家、民族没有优秀的文化传统,没有先进的理念信仰,没有昂扬的民族精神,没有高尚的道德风尚,那么,无论其物质生产水平多么发达,人民生活多么优裕,都难以保持持久的向心力和凝聚力,难以保持旺盛的生命力和创造力,也难以保持立身处世的自豪感和自信心,从而也就不可能长久地自立于世界民族之林。而且,在一个民族和民族文化的发展历程中,如果缺乏民族意识,忽视民族精神,那么这个民族就如同一盘散沙,很容易滋生没有灵魂、没有头脑的民族虚无主义。而这种自由散漫和民族虚无主义的泛滥,往往会导致本民族人民丧失认同感和责任感,甚至助纣为虐,成为与异民族掠夺、奴役,甚至屠杀本民族的帮凶。反之,一个民族即使命运坎坷,多灾多难,但只要该民族的人心未散,民族精神未泯,那么这个民族的文化还会有复兴的希望,该民族的人民将会重新站立起来!

中华民族的民族精神是中华民族生生不息、发展壮大的强大的精神动力。

在五千多年的历史发展进程中,中华民族历经磨难,栉风沐雨,形成了自己内容丰富、风格独特的民族精神。它包括"自强不息,厚德载物","富贵不淫,贫贱不移,威武不屈","天下兴亡,匹夫有责",以及"先天下之忧而忧,后天下之乐而乐"等优秀传统文化的内涵;包括中国共产党领导人民在长期革命斗争中形成的井冈山精神、长征精神、延安精神、抗战精神、西柏坡精神等光荣的革命传统;包括社会主义建设时期形成的大庆精神、雷锋精神、"两弹一星"精神等高尚的革命品德;也包括在改革开放新时期形成的艰苦创业精神、抗洪抢险精神、抗击"非典"精神、抗震救灾精神、载人航天精神等良好的精神风貌。

国家发展、民族振兴,不仅需要强大的经济基础和军事力量的支持,更需要先进的文化和精神的支撑。中华民族的民族精神是中华民族五千年来生生不息、发展壮大的强大精神动力,也是中华民族在未来的峥嵘岁月里继往开来、实现伟大复兴的宝贵精神财富。正是这种精神团结、凝聚、激励着全国各族人民以百折不挠、愈挫愈奋的意志,积极投身于坚持改革开放、创造性地建设中国特色社会主义的伟大事业。

民族精神是超时代性与时代性的统一。

民族精神与一个民族是同一的,与一个民族的命运是相联系的。在一定的意义上,民族精神具有超越历史时空的性质。它贯穿于一个民族的各个历史时期,滋养着该民族具体的历史的社会生活实践,特别是在社会变革时期,在重要的历史关头,为该民族提供强大的心理支撑和精神动力。

同时,民族精神又具有鲜明的时代性,体现出超时代性与时代性的统一。在不同的历史时期,民族精神总会打上鲜明的时代烙印,表现出不尽相同的历史特点和具体内涵。以中华民族的民族精神为例:在强敌入侵,中华民族面临民族危亡的时刻,民族精神直接体现为万众一心、不屈不挠、不怕牺牲、保家卫国的救亡图存精神;在遭遇大灾大难的极度困难时期,民族精神突出表现为同舟共济、迎难而上、坚忍不拔、共克时艰的大无畏气概;在和平的建设时期,民族精神则主要体现为厚德包容、勤奋敬业、艰苦奋斗、开拓创新的求实奋进品格。这一既具时代特色,又具永恒价值的精神品质的总和,才真正诠释了什么是中华民族的民族精神,什么是21

世纪的中华民族的民族精神!

一个民族要立足于世界民族之林,其民族精神也必须与时俱进。

民族精神有一个是否真正反映时代要求、合乎时代特征的问题,即民族精神是否能够与时代精神有机结合的问题。如果不能,则民族精神将缺乏时代感和时效性,将失去说服力和感召力。真正符合时代要求、反映时代特征的民族精神,是一个民族在时代的创造性实践中激发出来的,反映社会进步的发展方向、引领时代进步潮流、为社会成员普遍认同并接受的思想观念、价值取向、道德规范和行为方式,是一个社会最新的精神气质、精神风貌和社会时尚的综合体现。例如,在当今时代,中华民族精神往往与以改革创新为核心的时代精神结合为一体,共同承担着推进改革开放、建设中国特色社会主义的伟大历史使命。

我国作为一个历史悠久、文化底蕴深厚的发展中国家,在当今时代弘扬和创造新的民族精神,必须倾听时代的呼声,反映大众的要求;必须弘扬优秀的文化传统,保持自身的民族特质;当然,更需要与时俱进,开拓创新,建设社会主义先进文化和中华民族共有的精神家园,为中华民族的伟大复兴提供精神动力。

最后还应该强调指出,**民族精神和文化的创新建设需要一个长期的历史过程**,需要我们团结起来,动员全民族的力量,共同付出长期而艰苦的创造性努力。而这套"民族精神与文化主题书系",正是我们基于这样的时代呼声和实践要求,以文化自信和文化自觉的姿态,创造性地主动参与建设的实际行动。我们真诚地希望,一切辛苦的付出都能得到应有的回报,特别是得到广大读者朋友的关怀、支持和鼓励。我们更衷心地祈愿,在你、我、他同心协力的建设中,中华民族共有的精神家园会日益繁荣昌盛,我们美丽的"中国梦"会变成现实。

目 录

序　审美人生：人在丑与美之间 …………………………（1）

引言 ………………………………………………………（1）

上篇　现实与反思篇

第一章　理想"失落"之追问 ……………………………（17）
　第一节　理想失落的缘起：精神危机与"潘晓讨论" ………（18）
　　一、理想失落、精神危机与乌托邦告别 …………………（18）
　　二、理想失落：从"潘晓讨论"到"5＋2＝0" ……………（19）
　第二节　"失落"追因：从质疑模式、直面问题到反思理念
　　　………………………………………………………（21）
　　一、质疑"苏东社会主义剧变论" …………………………（21）
　　二、直面走向反面的中国乌托邦主义 ……………………（23）
　　三、反思思维定势与理念陷阱 ……………………………（24）
　第三节　理想重建的一些思考 ………………………………（27）
　　一、乌托邦思想是必要的，理想信念的重建是必需的 …（28）
　　二、重建理想：超越理想的理想主义与现实的现实主义，
　　　　走向理想的现实主义与现实的理想主义 ……………（30）

第二章 从"潘晓讨论"到"乌托邦告别" (32)

第一节 "潘晓讨论"与"乌托邦告别"的再阐释 (33)
一、"认知图式"框架的再构 (33)
二、"潘晓讨论"反思 (34)
三、"乌托邦告别"纠偏 (35)

第二节 历史哲学的启示:破思维定势,做现代公民 (36)
一、乌托邦的思维定势之一:尽善尽美的社会理想追求与激进而简单的社会与人性改造的工程化设计 (37)
二、乌托邦思维定势之二:把社会理想的设计与人的改造工程托付给掌握"历史必然性"的超人 (39)

第三节 余论:抓住转机,成功"转身",让"人"成为"好人" (41)

第三章 日常生活重建:从不和谐走向和谐 (43)

第一节 文化的绵延性与文化自觉 (44)

第二节 历史反思:非主流文化的产生与演进 (46)
一、庙堂文化:从理想到实用 (47)
二、游民文化:丛林中的生存文化 (48)
三、宗教文化:走出丛林的伦理文化 (49)

第三节 文化转型:从不和谐走向和谐 (50)
一、人性水平:从生存理性到交往理性 (50)
二、生活质量:从传统解读到科学把握 (52)
三、思想观念:从无我—唯我到承认他者 (53)
四、教育到位:从知识技能到社会公共伦理 (54)

第四节 文化建构:网络文化的生成及其走向的引领 (55)
一、互联网的作用不可小觑 (55)

二、网络"陌生人社会"呼唤现代媒介素养…………………(56)

第四章 素质与教育:从失重走向均衡 …………………(60)
第一节 问题探讨的假设性分析框架 …………………(61)
第二节 面对失衡的国民素质:社会教育的紧迫性和必要性
………………………………………………………………(64)
一、今天的国民教育缺失了什么?……………………(64)
二、我们需要怎样的社会教育?………………………(67)
三、社会教育与理想教育的区分与关联………………(68)

第三节 面对风险社会:社会教育的务实性起步 …………(69)
一、中国转型社会的风险 ………………………………(69)
二、社会教育的务实性定位 ……………………………(70)
三、社会教育路径的思考 ………………………………(72)

第四节 实施社会教育的若干可操作性建议 ……………(74)
一、关于大众的社会教育 ………………………………(74)
二、关于精英的社会教育 ………………………………(76)
三、作为文化建设重要组成部分的社会教育 …………(77)

中篇 调查与分析篇

第五章 日常生活中非主流文化对国民素质影响的实证研究
………………………………………………………………(81)
第一节 研究方法的说明 …………………………………(83)
一、术语界定 ……………………………………………(83)
二、抽样 …………………………………………………(86)
三、工具与材料 …………………………………………(90)

四、研究过程……………………………………（92）
　第二节　研究结果的阐释……………………………（93）
　　一、国民非主流文化生活状况…………………………（93）
　　二、国民素质基本状况…………………………………（97）
　　三、非主流文化对国民素质的影响分析………………（111）
　第三节　主要问题的分析与讨论……………………（117）
　　一、国民素质的发展不平衡……………………………（117）
　　二、不同的非主流文化对国民素质的影响不同………（121）
　第四节　提升国民素质的对策与建议………………（124）
　　一、重视国民素质的平衡发展…………………………（124）
　　二、汲取非主流文化中的积极营养……………………（125）
　　三、充分发挥主流文化教育的影响力…………………（126）

下篇　历史与愿景篇

第六章　人的研究：从应然性到实然性……………（135）
　第一节　何谓实然性"人的研究"……………………（136）
　第二节　人性：人的共性探究………………………（138）
　　一、人性的层次…………………………………………（140）
　　二、人性与"为人"的关联………………………………（140）
　　三、要说明的问题………………………………………（141）
　第三节　民族性：作为"人的研究"的特殊性探究……（141）
　　一、民族性与环境………………………………………（143）
　　二、民族性与文化遗传基因……………………………（146）
　第四节　国民素质发展："人的研究"的科学时代何时到来
　　　　　………………………………………………（152）

一、国民素质发展自在、自然阶段的存在必然性 ……… (153)
　　二、国民素质发展走向"自觉、自为"阶段的可能性 …… (154)
　　三、国民素质发展与文化自觉 ……………………… (155)
　第五节　实然性"人的研究"创新愿景 ………………… (155)
　　一、告别"二元论"与极端思维 …………………… (156)
　　二、把握多元的哲学立场与复杂性思维 …………… (157)
　　三、"人的研究"跨学科整合的可能性 ……………… (158)

第七章　民族性发展：从主义回归问题 ………………… (160)
　第一节　概念与立场 ……………………………………… (161)
　　一、"改造"与"发展" ……………………………… (161)
　　二、主义与问题 …………………………………… (162)
　　三、历史与未来 …………………………………… (164)
　第二节　民族性改造：百年"新民新人"的简要回顾与反思
　　　　　 ……………………………………………… (164)
　　一、"新民说"的理论与实践 ……………………… (165)
　　二、"新人"的理论与实践 ………………………… (171)
　第三节　民族性发展：回归问题，明确重心 …………… (173)
　　一、民族性发展重心：现代创新素质培育 ………… (174)
　　二、提升现代创新素质与思维科学教育 …………… (174)

第八章　价值观培育：从传统走向现代 ………………… (177)
　第一节　社会主义核心价值观的系统解读 …………… (177)
　　一、一个系统性的解读框架 ……………………… (178)
　　二、"人性"与核心价值观的培育与践行 ………… (180)
　　三、国民素质和核心价值观的培育与践行 ……… (182)

四、日常生活和核心价值观的培育与践行 …………… (184)
　　五、过程性和核心价值观的培育与践行 ……………… (186)
　　六、核心价值观的培育与践行和新国民的成长 ……… (188)
　第二节　社会主义核心价值观的建构取向 ……………… (190)
　　一、面对现实：把握后发型现代化进程的复杂性 ……… (191)
　　二、面对历史，盘点"遗产"，自觉前行 ……………… (194)
　　三、面对未来：以过程理论指导价值观构建 …………… (197)

第九章　好人培养的实践：从生存竞争到伦理合作 ……… (200)
　第一节　思维科学教育的特点及其理论与实践的发展
　　……………………………………………………………… (200)
　　一、创新素质的层次性特点及其培育路径的探寻 …… (201)
　　二、以李普曼为代表的思维科学理论和普及性实验研究
　　……………………………………………………………… (202)
　第二节　世界思维科学与普及教育研究的最新趋势 …… (206)
　　一、思维风格对青少年学习风格的影响 ……………… (208)
　　二、思维风格对青少年行为风格的影响 ……………… (209)
　第三节　以思维科学教育提升现代创新素质的思考 …… (210)
　　一、关于思维科学研究与思维教育发展的趋向 ……… (211)
　　二、关于当代国民思维教育的现状与发展的趋向 …… (212)

参考文献 …………………………………………………………… (215)

后记 ………………………………………………………………… (218)

序

审美人生：人在丑与美之间

◎沙莲香

孙抱弘先生的《让"人"做"好人"——当代国民素质演进的历史性反思与发展性愿景》是他继《从"人"到"好人"——公共生活与青少年品德养成》之后的又一部力作，贯穿了对人、国民素质特别是"好人"问题的关注，有着独特的见地。我对孙先生的这个研究，一直是心有期待的。孙先生提出要我为他的新作写篇序，也就应了下来。

关于中国人的气质、中国人的生活、中国人的优与劣，国内外近百年里的研究一直持续不断。微信的横空出世，给广大的沉默者提供了一个意愿表达的空间，关于中国人的看法，可以漫无边际，可以浮想联翩，可以真亦假也可以假亦真，在这个虚拟却"存在"的时空里相当真实地表露个人"意愿"。孙抱弘先生等学者关于中国人的研究仍然是"正当时"。

我在这里以丑与美作为视角，用以透析国人的气质；使用丑与美的视角意味着这里所指涉的是"少数"（主要是知识人）而非多数。美与丑始终存在于少数，而在这"少数"之外的多数是处于眼见不显的"平常"之中。进而，通过对丑与美的审视，提示社会生活中的"少数"有识之人重视并讲究审美和审美意识，在实际上呈现人的"自觉性"，承载并传播"人之为人"的美好和善良。

关于丑与美的观点，在"视角主义"下，有不同的认知，有多重的意义。

就自然现象而言,丑和美是一种事实,表征其"存在",是一种"存在者"(萨特:《存在与虚无》),"是其所是"本身,不为人的视觉,亦不为主体特点所左右、所掌控,山山水水草草木木,自有其存在的美丑形态而不为人所愿,为客体美或客体丑;道家丑美观所反映的似在此处,"天地有大美而不言,四时有明法而不议,万物有成理而不说"(《庄子·知北游》),天地自有其大自有其美而无以言之,天地大美是顺乎天地尊其"道",美之极致。这是天地自有的客体美或客体丑,是行动主体"人"得以进行审美审丑的天地条件。道家以其宏大的、气势磅礴的自然观念赞誉天地大美,赋天地予灵捷,成为中国艺术和美学的基石。而从另一个侧面看,这种对应于行动主体人的客体美或客体丑,归根结底也是行动主体人的审美结果,是人的审美痕迹。这种审美痕迹长久不衰,山河壮美,树木巍然,永存在那里,是我们生长的地方,是祖国的辽阔。在这个视角下,不论丑或美,不论奇异或怪诞,不仅仅是天地之赋予,而且是炎黄子孙的"创造"物。

就心理现象而言,丑美是视觉感知的结果,丑和美是行动主体"人"的主体感受,一种视觉感知。然而,不是所有的视觉感知都形成美感或丑感,只有物像的"形"才有可能转换为美感或丑感,并且只有那些具有一定品位的"形"方可转换为美感或丑感。"形"表达物像的一种结构,由线条、色彩或明暗的相互关系组合而成,并且激发主体的情感跃起,或快活或不快活甚至反感,产生美感或丑感。

美与丑皆在审美范畴之内。美赐人以快乐感受,丑则是让人感到不快甚至于感到作呕。但是,丑在更本真从而更深刻的层面上表达"美感";丑在美的背面表达自身,更精彩更具活力。不同年龄人群有不同的美丑审视模式和美丑行为造型,有对美丑的不同"注视"和"灵感"以及不同的视觉方向和敏感度。现代生活的多变和对生活审美的多元,具有叛逆和创建性格的新生人群,常常因其异质的反常态的审美表现而不被"常人"所欣赏、所接纳。其实,这种"反常态"在现代社会是"正常"是"常态",是改变"传统"的不可避免。在时尚界、艺术界,在青少年尤其叛逆少年当中,丑丑美美常在瞬息之间,代表着生活的瞬间万变而非万古长存,代表着新生与恒定的对话与反叛。

丑美相间,美是对丑的修饰,丑是对美的追问;人的一生,丑在先,先于美;丑在"娘胎"已栽下种子,脱胎问世第一声"哭"是对"胎世界"之封闭之暗无天日这种"丑"的喧呼和解脱,是向着"美"而来。之后的人生步伐,都是对丑的审视和美化。

本文实际上是要讨论美或丑之于"好人"。"好人"是美的,也会是丑的,其间不可或缺的是个人的知耻,这就是孔子在仁学理念中提出的人格之美丑论,"有耻且格"(《论语·为政》),"行己有耻"(《论语·子路》),君子之美在于知耻,在于对美丑的自知。审美的同时又是审丑,人生步步迈在丑与美之间。人生的美与丑,主要是教化的结果,是习得,却不排除先天因素,不排除家庭存续下来的生理的、文化的"基因"。教化和遗传所给予个人的美与丑都在实际生活中成为个性美和个性丑,是相对的、心理的、多种多样的,由此构成人世间的似锦繁花。"审美人生"为主题,是想表示人生充满美与丑;人们差不多都是美丑兼有而自觉选择积极的审美人生。好人应该是能辨别丑而追求美的人,我想这应该是孙先生写作《让"人"做"好人"——当代国民素质演进的历史性反思与发展性愿景》的用意所在,希望他的书能引起人们的关注。

2016年夏　于中国人民大学社会心理学研究所

引　言

一、本书写作的背景、体例与内容的说明

在主持《当代青年研究》杂志近二十年的编辑工作中,我最关注的青少年研究问题之一就是"潘晓讨论",这场与改革开放相伴三十年的人生大讨论在今天看来意义重大,因为这场讨论已经超越了当年设想的讨论范围——当代青年,而成了大多数国人关注的问题;特别是其讨论的内容已经从一般的人生理想问题转向了思想转型的问题。更具体地说,就是从非常态进入常态、从传统走向现代、从理想走向现实、从主义回归问题等;或者说何以实现坚持理想与直面现实、继承传统与走向现代、向往神圣与正视世俗的均衡。如果就人—国民的发展而言,则是"人应该成为什么样的人('应然性'人的研究)"和"人能够成为什么样的人('实然性'人的研究)"在当下的辩证统一。正是为了深入探索这一问题,笔者申请并主持了国家社科规划课题"日常生活中非主流文化对国民素质的影响研究"。在课题组全体成员的努力下,历时七年完成了这一定性研究与定量研究相结合的课题。并以这一课题成果为基础,在李德顺、沙莲香、邓伟志等教授的关心支持下,进行了更深入的思考,并在黑龙江教育出版社领导和李绍楠编辑的理解帮助下,终于完成了这本著述性的小册子《让"人"做"好人"——当代国民素质演进的历史性反思与发展性愿景》。

本书共分上、中、下三篇,计九章。

上篇"现实与反思"共四章,主要通过对现实的反思,探讨了"乌托邦告别——理想重建"的必然性、"日常生活重建的必要性与可能性"以及"国民教育从失衡走向均衡发展的重要性与紧迫性",这些问题的提出、分析和解决的可能性正是当代国人可能成为"什么样的人"的现实依据。本篇的探讨是为了将理想中"人应该成为什么样的人"引向现实中"人能够成为什么样的人",即下编从更高的理论层次和更有效的实践层面上探讨的人的研究——从"应然性走向实然性"的问题。

中篇"调查与分析",虽一章但篇幅长、数据丰富,体现了实证调查的科学追求。定性研究与定量研究相结合是本书的一种尝试,也是此类著述的一种新努力。本书的调查数据在一定程度上印证了定性研究的假设,也为我们探寻"让人做好人"之路提供了更详实的参照依据。

下篇"历史与愿景"共四章。主要是在更广阔的理论空间、更漫长的历史时段中,更深入系统地探讨"人的研究""民族性发展""价值观培育""思维科学教育"的理论与实践问题,并就更有效地提升国民素质、培养好人的实践路径等提出了自己的见解。

本书分析与思考问题,秉持"大胆假设,小心求证"的研究态度,不分学科、不囿门户,独立思考,直面现实。但限于有限的学识,必定有不少"短板"乃至陋见,恳望有识者不吝赐教。

还要说明的是,本书的有些章节可能有交叉重复,为了保证每一章讨论分析问题的完整性,因此未作刻意的删节。不过,重复也有助于重点的强调,这可能也算是一种表达的需要。或许,从不同角度探讨同一个问题还有助于思考的丰富和深入。

二、本书的基本思路与理念的阐述

(一)为什么要深入研究"5+2"的问题

进入社会转型期,人们大多数都会深切地感受到:两个文明的建设似乎没有如愿同步发展——也就是说,随着物质文明的快速发展和硬件建设的突飞猛进,人的精神面貌和软件建设并没有明显的推进,反映国民精神与素质缺陷的报道反而天天见之于各种媒介,更有学者惊呼"社会崩溃"之迹象的频频出现。总而言之,曾经有力地引领我们的主流文化或理想文化教育对于身处转型社会的国民的影响日渐式微,这是我们必须面对的现实问题。如何认识与解决这一问题是关系到我们往哪里去、如何去的根本性问题。这里,认识问题、追寻问题产生的根源,才能真正解决好问题。这是本研究试图通过定性与定量相结合的方法进行尝试性探讨的课题。本研究在课题申请书中就提出,如果用最简约的话来表达研究宗旨的话,就是:"5+2=?",因而我们也就由此说起:

"5+2=0"的命题是20世纪中国社会学界、教育学界提出来的,意在以"5"代表学校五天的主流的思想道德教育,以"2"代表学生在校内外受到的两天非主流的日常生活(这包括家庭、社会——包含网络)交流中的不合于主流要求的思想、理念与行为的影响。由此,五天的正面教育与两天的负面影响相互抵消,主流文化的传承影响处于零的状态。本研究试图接过学界以往熟悉且十分简约的命题而加以适当拓展:第一,要适当扩大其对象性外延——由青少年延伸至全体国民,而就时空而论,显然应扩展至人活动的所有场所与生活的所有时间。这里要强调说明的是:其消极与积极影响在任何时空中可能同时并存,不能简单地以场所与时间来划分正负面影响的时空界限。第二,丰富其内涵——因为,如果说上述时空中对人的素质产生影响的要素是一种浅层次的社会环境影响的话,那么,在深层次对人的素质产生影响的要素就是潜在于日常生活中的各种文化理念与价值取向,先进与落后、存在与生存、主流与非主流的各种文化无时无刻不在影响乃至决定着人们的思考与行为。第三,要扩展这一命题思考问题的维度——因为人的素质的发展,除了社会现实、历史文化的外在而客观的维度之外,还有极为重要的主体的、内在的维度,这个维度就是人的类本性与个体特性。无论是主流文化、正面教育还是非主流文化、负面影响都要通过这一维度才能真正生成。第四,由于"5+2"命题的简约性,我们还要防止可能的本质主义、二元论和简单化的解读。首先,主流与非主流文化、理想教育与现实教育不能绝对化。主流文化如果过度理想化,正面教育如果无法面对现实,都可能走向反面,而非主流文化、现实教育也未必完全是负面影响。其次,主流与非主流,理想与现实不是绝对对立的,两者间必定存在着某种交汇点、中和质,简单的二元对立的思维方式不利于问题的解决,一分为三或更多维的思维方式,有助于探寻问题解决的切入口。

　　正是基于以上理念与立场,我们以为,"5"作为一个正数是有条件的而非绝对的,当其被过度理想化或严重脱离于社会与人的发展需求时,其就可能负数化;而"2"因其有适合人的需求之处,因此有其自在的生命力,也应该加以自觉的梳理切割,以发挥其可能的积极的一面;特别重要的是:应在"5"与"2"之间,在日常生活与人性特质之需求的背景中,寻找中间地带,或者说在"理想精神生活"与"物质生存生活二元之间探寻人类生活的第三个层面,这是我们以往简单化的思维方式所忽略而在转型社会中却是极其重要的一元(维)。

　　由此,本研究把定性与定量的方法相结合起来,引入多学科的理论成果,提出一个假设性的理论模型,并以实证调查数据为佐证,探讨以下几个问题。

第一,转型社会中,代表主流文化的正面教育或曰理想教育陷入了怎样的困境,何以陷入这样的困境,如何走出困境?这是重振"5"正功能的前提性。

第二,和谐社会建设中,对于国人素质发生影响的非主流"2"的存在状况及其影响机制,如何把握其正负功能,进而使其从"自在"进入"自觉",加以梳理、切割与可能的提升与现代性转换——这是将"2"的负功能降到最低程度乃至"化腐朽为神奇"的关键所在。

第三,从传统走向现代(含后现代)、从竞争共生的不和谐社会走向共生共荣的和谐社会的进程中,如何确定国民素质提升的重心并找准切入口,如何整合弥散在日常生活中多层次的思想资源,探索实现"5+2≥7"的可能性。

(二)本研究的假设性理论框架及其调查数据的佐证

要研究上述问题,探寻问题解决的对策与路径,必须厘清一些概念,并整合我们多年研究的成果,提出一个多学科的综合性理论模型。本研究将以此为出发点展开一系列的分析和阐述。本研究的理论假设主要由以下三个微观与宏观相结合的图表加以展示。

1. 人—国民素质生成的整体性把握。本研究在归纳、提升以往单向性、孤立性研究成果的基础上,对人—国民素质的生成过程加以主体化、多维度的假设,以期能在整体性的把握中,比较贴近实际地描述、阐释人—国民素质的生成态势,为本研究提供一个探讨问题的理论立足点。(见图1)

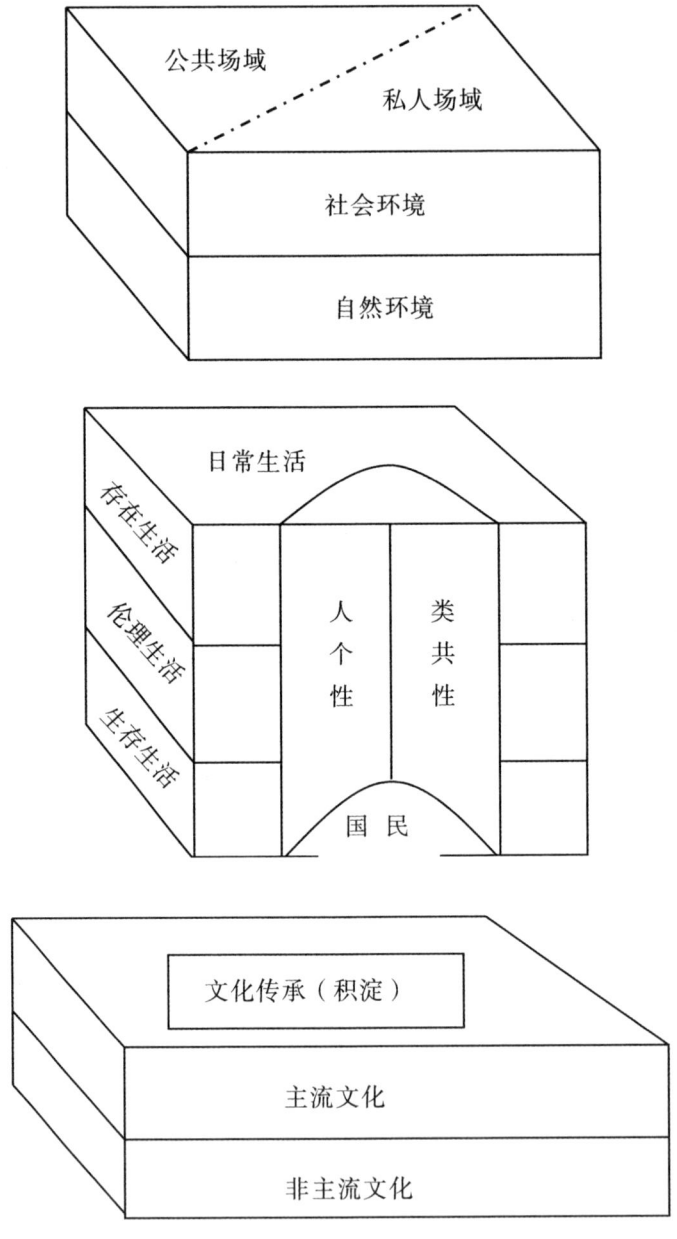

图1 人—国民素质生成及相关要素

| 引　　言 |

本图由三个几何图形组成,主要显示:无论是一个抽象的人,还是具体的国民,总是具有类的共性与个别的自我性,而且总是置身于三种有着明显区别的日常生活中(见中间的几何图形)。人—国民在日常的生活中,一方面与显在的自然与社会环境产生着种种互动关系;另一方面,又受着潜在的、深层次的文化理念、习俗与思维方式的影响。这些互动与影响总是通过人的种种特性,在特定的时空场域左右着人—国民的思想与行动取向,并在其自身的不同的发展阶段与成长过程中产生不同的作用。人—国民的素质正是在如此复杂的背景中逐步生成、养育出来。①

人—国民素质的生成过程的整体性把握对于本研究的意义在于:无论是以共产主义理想信仰教育为宗旨的主流文化,还是以其他主义为内容的非主流文化的传播影响力,主要是与人—国民的内在的理性水平与外在的实际生活环境为基础,以人—国民的实际生活经验与需求选择为前提。把握了这一基础与前提,我们大致可以较深入切实地探讨问题,寻求解决问题的可能路径。

如果说上图展示了人—国民素质养成与培育的一般微观背景,那么以下的图表则展示了国民现代素质取向及其相应教育目标的宏观背景。

2. 主客体(或主体间)关联互动中素质生成过程的认识。在实际的日常生活中,人们出于趋利避害的生存本性,以及竞争社会中"适者生存"生活经验的影响,往往注重于知识技能的学习掌握,而在社会达尔文主义思潮的推波助澜下,讲竞争不讲合作更不谈理想,只求知识、技能,漠视社会公德与人文关怀,功利主义、经济理性暗流涌动,公共理性、价值追求被抛在脑后。在这样的背景下,主流文化支撑下的理想教育绩效甚微,甚至被人束之高阁

---

① 孙抱弘:《社会环境·接受图示·养成途径》,载《当代青年研究》,2001(6);《关于未来国民教育导向的思考》,载《中国青年政治学院学报》,2010(3)。

(见图2)。不过,在这二元相悖、两难困境之中,我们还应当看到(如图3):在日常生活的物质生活与精神生活之间还有伦理生活,在人的生存理性(物性)与存在理性之间还有生活理性;在历史文化的积淀中,除了竞争文化与理想文化之外,其间还有共生文化(合作文化);在文化教育中,除了知识技能教育与理想信仰教育之外,还有社会伦理教育。正是这四者一脉相承,启下承上,为我们走出两难困境、摆脱二元悖论指出了转进路径,并托起一个现代的公共社会。

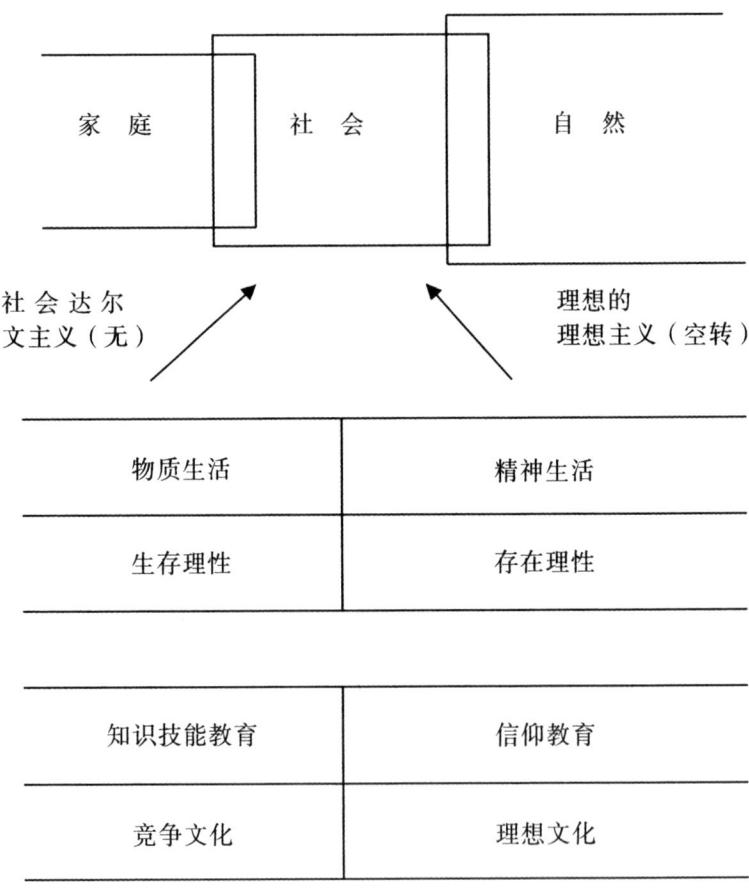

图2 缺失伦理生活与教育支撑的社会

| 引　言 |

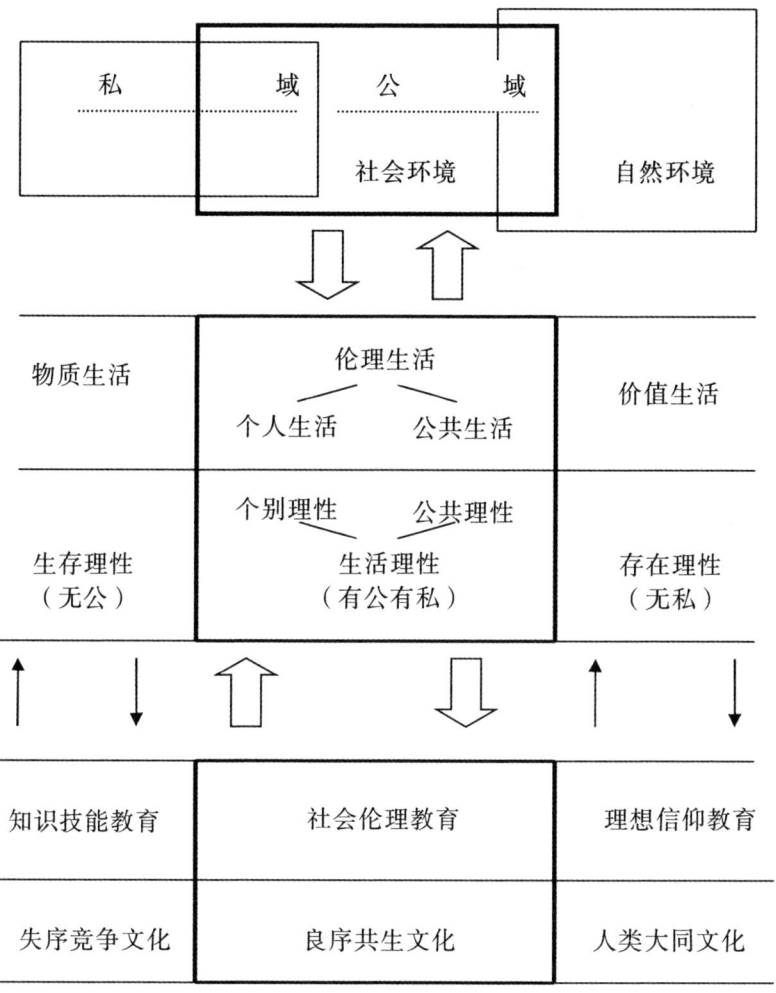

图3　一分为三视野里的环境、人、文化教育的关联互动

就本书的研究而言,这一认识为我们梳理非主流文化,确定了其对现代和谐社会建设正负影响的参照系。也就是说,非主流文

化中,有助于共生共荣的文化、有助于进行合作的教育、有利于培养人的契约精神与交往理性、有助于改善社会公共伦理状况,推进现代和谐社会建构的内容,我们都应吸纳之,反之则应切割之。

本研究之所以强调上述立场,是由本研究在实证调查中获取的数据支持的。

大型调查的数据显示,无论是从"大"问题,如人的善恶观,还是从"小"行为,如"基本文明礼仪的遵奉"上,都显示出被调查者在日常生活中不知不觉形成的传统思维方式的影响下,对人性观、成功观与文明礼仪的片面理解,以及现代公共意识、独立意识的缺乏。这也就凸显出当下系统性现代社会教育的严重缺失。

比如,有七成多的被调查者对"性恶观"存在着片面理解。由此,不少被调查者一方面认同社会达尔文主义的生存原则,为生存、功利可以不择手段;另一方面又惊呼人际关系的压力,感到在"陌生人"社会中举步维艰。这种生存的悖论、生活的困境,其实就是长期缺少共生共荣和谐文化滋养、缺失社会公共伦理教育的必然结果。

又如,我们从"小"的方面来看——这"小"其实在现代社会的公共生活中正变得越来越大。这里的"小"是指诸如"不闯红灯"、在公共场所"不大声喧哗""不乱扔垃圾"等文明礼仪。我们在调查中发现,只有二成多的被调查者能长期坚持做到这些文明行为。其实,在另外七成多的被调查者心目中,这些文明礼仪只是个人行为,做不做无所谓,因其实在太"小",所以不屑做。这,正是其公共意识弱、公共素质差的根源所在。在现代公共生活中,一次"闯红灯"可能造成一次重大的公共交通事故；一次漫不经心的抛物，可能酿成一次重大的公共伤害事件。这在高风险、高科技、城市化的现代社会中已屡见不鲜。由此可见，传统的个人礼仪素质变成了现代的公共伦理素质，这种素质内涵的现代性转换有大量配套的传播工作要做，亟待系统性的社会伦理教育的全面展开才能完成。

（三）主流文化与非主流文化的界定

本研究的一个重要概念是非主流文化，这是一个相对于主流文化的概念。如果我们说主流文化主要是指理想文化，那么理想文化之外的文化皆为非主流文化，这未免失之简单而宽泛。为此，本研究把日常生活中对人—国民素质的生成产生影响的非主流文化主要限定在游民文化、宗教文化和网络文化上。从总体上说，这三种文化对于人—国民素质的生成都存在正负面的影响，我们试图通过定量研究来确定其影响的深度与广度，以及对于不同地区、不同群体的影响程度，特别是正面与负面影响的程度。要指出的是本研究所指的正面影响是特指对国民现代素质即公共伦理意识、契约精神与共生共荣行为取向的正面引领，而负面影响则是对上述意识、精神与行为取向的消解。

我们的假设是：

1. 游民文化是一个历时的概念，是相对于乡土文化而言，是由历朝历代流动人口的生存、生活与习俗等为内涵，以游侠、游士、江湖、帮派、痞子等不同层次结构的文化组成。由于与丛林般的物质生活相连，与人性中的生存理性相关，所以，除了较高层次（如游侠文化等）尚存对"义"的追求之外，其大部分对人的现代素质都起负面的解构性影响,连游侠的"义"是否有些许合理的内核还需进一步研究。

2. 宗教文化也是一个历时的概念,从传统的道教到中世纪传进的佛教,再到近现代的天主、基督等教。不少研究中西文化交融的学者认为,外来的宗教所以能够融入中国的本土,最主要的因素有两点:一是在日常生活层面上展开,一是对国人纲常伦理的丰富与完善。正是这两方面影响的广度与深度,使得这种融入能够持久并完美地整合。① 由于各种宗教文化对于伦理生活的建构都有积极的意义,所以我们的假设是现代宗教文化对于中国转型社会的现代伦理生活的建构有着相当的积极意义。当然,盲目信仰带来的原教旨主义倾向则是应当警惕与防范的,这对于任何宗教文化都是一样的。

3. 网络文化是现时文化、当下文化,与信息时代、网络社会相伴相生。这是一把双刃剑:一方面昭示人类,一个真正的以现代技术支撑的公共社会已经到来,任何有违公共正义的丑陋都将公之于世;另一方面也极可能引发民主的暴力与话语暴政,产生严重的公共危机。由此,网民—公民的现代素质的生成极为重要。本研究将通过定量研究,探寻网民失序行为与非主流文化的关联性,探讨宗教伦理文化对于调控网络失序行为的可能性,探究中国特色社会伦理教育对于网络社会秩序建设的路径,以促进共生共荣的和谐文化建设。

---

① 傅白芦:《历史趋势——中国文化必然逐步现代化》,载《书屋》,2012(2)。

最后还要说明的是,本研究在最初的课题设计中未把主流文化之问题的研究纳入视线,但是随着研究的深入我们发现:"5"和"2"实际上是一个整体、一个系统,两者影响的消长、强弱是连在一起的,"2"之影响的增强往往是"5"之影响式微的结果——当然只是变量之一。由此,对于主流文化也就是理想文化及其理想教育本身的问题,已经不可回避地进入我们的研究视野,必须加以多学科深层次的冷静分析与解读。这样,我们的成果中就有了开头两篇论文。这两篇论文在公开时曾引起争论,但最终还是为广大学者与读者所肯定,从而也成为本研究的重要的理论组成部分,并显示了对原定研究内容的拓展性。

(四)实然性"人的研究"对于"让人做好人"的意义所在

在日常生活中,非主流文化对人的素质的影响是一个不争的事实。为此,我们一方面要坚持主流文化提倡的、做理想的人的发展目标;另一方面则必须面对人的现实的素质状况及其发展的可能性,这样"实然性"的人的研究就显得十分重要而紧迫。

为此,本书在下篇中,从应然与实然、普通与特殊、静态与动态等哲学高度,从社会、伦理、文化乃至经济等多个学科、多个层面探讨了实然性"人的研究"的系统性结构要素。在此基础上,以价值观的培育为重心,以思维科学教育为可行性的实践路径,探讨了"让人做好人"的可能性愿景。

实然性"人的研究"将使我们摆脱应然性的理想主义空谈,使得日常生活中因于生存竞争的人有可能成为承认与尊重他者、与人和谐相处、共生共荣的好人,这就是实然性"人的研究"的根本意义,这也可能正是让"5+2"等于正数的重要路径。这是因为实然性"人的研究"最为关注的问题是人的文化自觉,这种文化自觉将指导我们对非主流文化的取舍、继承和抵制批判有一个正确的态度。而且文化自觉的过程也正是我们确立、认同现代价值观的过程,而思维科学教育的过程则可能正是我们实现文化自觉、确立现代价值观的最佳载体或路径之一。

上篇　现实与反思篇

第一章　理想"失落"之追问
——多学科视角下当代国人理想重建的思考

本书是对"5+2=？"问题的研究，首先面对的是"5"的研究，具体地说就是对"理想文化""理想教育"之核心内涵"理想"的探讨。在社会转型期，当年亿人瞩目的"理想"已经式微、失落，这是不争的事实。"理想"何以失落？何以"重建"？这是本章试图探讨的主要内容，也是本书试图解答的第一个问题。

三十多年前，"潘晓讨论"揭开了当代国人理想"失落"问题讨论的序幕，由于认识水平、文献资料和学科视野等历史的局限，有关问题的探讨往往就事论事难以深入，而"失落"的现象及其后果却日益凸显。本章试图引入当代多学科的研究成果，从理想的工具性异化、认识的片面性和文化的基因性等多个视角追寻"失落"问题的深层次原因，进而直面历史事实，吸取历史的教训：告别乌托邦主义，但不放弃乌托邦思想；在理想的现实主义和现实的理想主义的互动结合中，重建"现实的乌托邦主义"之理想。

在社会转型期，无论是党政部门还是民间组织的调查都显示：从普通民众到一般党员乃至党员干部中的一些人理想都发生了变化，"失落"现象相当普遍，许多人没有了精神追求，而津津乐道于物质生活与感性享受。对此，社会上有人大声疾呼，痛感世风日下，希望回归传统；更多的人则处之泰然，以为本该如此。如何认识这些现象？如何重建理想，在社会常态与人们的日常生活中形成我们的核心价值观？这无疑是人文社会科学工作者应当思考与解答的问题，我们的思考如下。

第一节　理想失落的缘起：精神危机与"潘晓讨论"

一、理想失落、精神危机与乌托邦告别

何为理想？《辞海》的解释：理想是"同奋斗目标相联系的有实现可能性的想象"。很明显，理想有两个特性："实现的可能性"与"想象性"。由于仅仅存在着实现的可能性，就隐含着理想实现的曲折性与不确定性。而理想分不同的层次，越是高端的理想，其想象的成分越多，所以其"实现的可能性"中曲折性与不确定性就越大。本部分要探讨的理想是指社会理想，一般认为社会理想"在由各种形态的理想构成的理想整体中"，"居于最高地位，它是理想的最高形式"，制约和影响着其他理想。[①] 本部分所要探寻的就是这样一种最高层次理想——这一理想在我们的传统文化中被称作"大同世界"，在当下的主流文化中则是我们熟悉的"共产主义社会理想"。由于理想具有"想象性"的特点，而社会理想作为人类最高层次的理想，并无任何已经实现的先例，其乌托邦空想的成分显而易见，所以人类关于社会理想的思想也被称为"乌托邦思想"。如此美好的社会理想，何以有这么多的人要与之"告别"？这里要说明的是，社会理想作为一种高端的理想，具有精神寄托的内涵，其与"信念""信仰"都属于精神现象，都有精神支持、精神追求的含义——尽管信念偏于世俗生活、信仰偏于宗教生活——但在我们日常的生活语境中对这三个概念并不特意区分。正是在这个意义

---

① 吴潜涛：《正确理解理想信念的科学含义》，载《教学与研究》，2011(4)。

上,本部分探讨的"理想失落"问题,也是一种"精神危机"或"信仰危机"问题;而"乌托邦的告别"则是人们在经历了"失落"与"危机"之后,面对不顾客观条件而追求完美的理想社会目标以及造成的灾难性后果,痛定思痛中所做出的冷静而无奈的选择。

二、理想失落:从"潘晓讨论"到"5+2=0"

从三十多年前《中国青年》编辑部推出"潘晓讨论"开始,到20世纪90年代末,社会学、教育学界提出——中国青少年的思想道德教育可能正处于"5+2=0"的绩效状态,中小学生的实际思政德育工作出现了"小学生讲共产主义,中学生讲社会主义,大学生讲'七不'文明规范"的逆向发展现象。其实在相当程度上,这种现象正是我们整个社会理想困境的反映。时至今日,尽管在地震等突发的自然灾害面前和个人生命存亡的关键时刻,民族与人类的道德亮点曾经一度闪烁,然而"道高一尺,魔高一丈",灾难过后有关伦理道德的危机以及理想失落的困局,仍然横亘在我们走向现代文明的道路上。一项权威的调查显示,理想的失落是一个普遍现象:"部分干部群众的马克思主义信仰缺乏、社会主义理想信念淡薄,大学生中一部分人的理想信念更是令人担忧。部分党员干部虽然也承认马克思主义是共同思想基础,但认为它只是政治宣传,不起实际作用,没有现实应用的价值和意义;有的表面上把马克思主义摆在重要位置,嘴里喊高举马克思主义伟大旗帜,却不付诸行动;有的虽然付诸行动,却热衷于做表面文章,搞形式主义。在对大学生的调查中,学生的理想主要集中在生活和职业理想上,只有10%左右的被调查者关注社会和道德理想。"[1]我们的实证调查大

---

[1] 中国社会科学院马克思主义研究学部课题组:《社会主义核心价值观体系建设的成就与问题》,载《理论动态》,2011(5),4~5页。

体也印证了这一现象。由此可见,三十多年过去了,人的理想失落不仅是问题,而且是一个严重的事实。这不仅阻碍着经济政治的科学发展,制约着社会文化的和谐进步,同时也侵蚀着人的躯体与灵魂。追根究源,我们认为"5+2"的问题,应是我们探寻问题的产生及其解决路径的症结所在。

这里解说一下"5"与"2"。"5"在广义上是指主流文化的教育与传播,狭义上是指现在既定的理想体系与既定的实现路径,因为有许多人认为那是一套"完备性的学说体系"和一条颠扑不破的历史"规律"。"2"是指盛行于人们日常生活中的生存方式、习惯与行为取向,以及在此基础上积淀下来的观念与处事原则,这实际上是一种独立于主流文化,但在一定社会背景(如乱世、转型社会)中行之有效的另类文化生态现象。

纵观人类历史,代表人类发展愿景的主流文化,尽管在各个历史发展时期与不同民族中有不同表述,但是无论是东方还是西方都内蕴含着"大同社会"和"乌托邦"的追求,这种美好的愿望是无可非议的,作为理想更应肯定。问题在于这些理想依附着某种学说,遵循着既定的规律和设计路径、传播实践,却又一次次地幻灭;而那些远离理想的潜规则、惯行办法却反复影响乃至左右着人们的生活与行事。久而久之,人们会痛苦地看到,由于"5"很难面对日常的实际问题,往往处于"空转"状态,或是仅拿来做"表面文章"。所以"5"难敌"2",自然就等于"0"了。更可怕的是,我们所说的"2",对于人们的理想生活、理想社会而言,实际上是"-2",而且现在的"-2"正在侵蚀、消解"5",并大有取代之势,其负面效应正呈叠加之态,以至"-2"变得更负。所以,告别关于乌托邦的某类学说和某种路径设计,并不意味着放弃理想本身;而回归日常生活,也并非一味沉沦于陋习陈规。在这两难中寻求新生活、新路径,走出误区,跨越陷阱,正是我们必须面对的。这里,探寻"5"失落的深层次原因,无疑是我们总结教训、走出两难并再建理想的出发点之一。

第二节 "失落"追因:从质疑模式、直面问题到反思理念

说起共产主义理想失落的原因,我们往往从外部和内部两个方面来探寻,一般将之归为三个方面:1. 苏东社会主义国家的蜕变;2. 部分领导干部和思政工作者的精神危机和腐败蜕变;3. 面对以上观点而缺乏解释力和说服力的理论研究与宣传。[①] 我们的研究认为这些原因的解说是肤浅的、简单化的,也正是因为对前两个原因的分析不到位乃至存在着片面性,所以导致理论研究与宣传的空洞乏力,甚至南辕北辙。

一、质疑"苏东社会主义剧变论"

将共产主义理想的失落与"东欧剧变"联系在一起,其实内含着一种判断或前提,那就是苏联是唯一的社会主义道路的代表者,这个代表者的失败宣告了共产主义理想的破灭。这样的认识无疑是肤浅而极其片面的。对于这种片面性的纠正,大致可分为两个发展阶段:首先,判定苏东的道路只是众多社会主义道路之一而已;其次,根据越来越多解密的档案文献,人们甚至在质疑"苏东模式"的社会主义性质——当然,这一判断还有待进一步深入论证,事实上也正在进行。据此,本部分略做分析:

---

① 秦维红:《全球化背景下的共产主义理想信念问题研究》,载《华北电力大学学报(社科版)》,2006(4);中国社会科学院马克思主义研究学部课题组:《社会主义核心价值观体系建设的成就与问题》,载《理论动态》,2011(5),4~5页。

当年的布尔什维克只是俄罗斯社会主义众多流派之一,是在立宪会议选举中只得到1/4选票的一个党派,是在无望独撑政权的情况下,发动革命而登上历史舞台的。其成功有相当的偶然性。此外,布尔什维克与孟什维克之争、斯大林与托洛茨基之争,在主义的表面遮蔽下,似乎更多的是权力之争乃至个人恩怨。在这一系列的斗争中,这个政权越来越缺乏社会代表性,为了维持少数人对多数人的统治,越来越趋于暴力专政。这种专政又加剧了代表性的缺失,最终走向崩溃。① 至于东欧的所谓社会主义国家,除个别外都是依靠苏联的军事力量所建立,苏联对这些国家往往是打着社会主义旗号进行宰割乃至奴役,这些政权与苏联必定是"一荣俱荣,一损俱损"。正因为如此,世界上许多研究者根本就不承认苏东的社会主义性质,也不认为其是马克思主义信念的实践者。退一步说,即使早期的苏联道路算是一种社会主义运动路径的尝试,那么以后的发展只能是一条歧路、一条不归路。这样的路径选择只是众多路径之一,这一路径的失败并无代表性,更不足以说明马克思主义信仰与共产主义理想的破灭。

当然,苏联当年对于中国民族独立与社会主义建设的支持和帮助尽管问题不少,但其作用应予客观评定。不过,根据已公开的史料,当年苏俄最高层对中国革命的所谓支持,从根本上讲只是为了其自身的国家利益,从未遵循所谓的"国际共产主义精神"②。共产主义理想的目标在这里赤裸裸地变成某个国家乃至某个利益集团谋利的手段,这种工具性的异化就将主义与理想引向了反面。

然而,由于长期宣传的偏颇与冷战的国际环境,使得不少人陷

---

① 沈志华:《一个大国的崛起与崩溃》,北京,社会科学文献出版社,2009。
② 夏白鸽:《苏俄对华政策与中共建党》,载《炎黄春秋》,2011(8)。

于某种思维定势而不能自拔，以至面对刚刚披露的事实，我们的理论研究与宣传往往一时"失语"，那又如何去提高理想宣传的影响力呢？

二、直面走向反面的中国乌托邦主义

将理想失落归因于领导干部与思政工作者的精神危机与对物质生活的追求，实在是一种就事论事的判断。实际上这一原因之后还有更深层次的原因，这就是其精神危机来自何方？其理想失落源自何处？行文至此，我们面对着一个绕不过去的问题：当代中国的乌托邦主义是如何由目的成为手段，并最后走向反面的？直面这样的问题，对于我们从那个时代走来的人都是沉重而痛苦的，但对于一个能够反思并反省的民族而言，这又是不得不加以承受的。

我们在此引入著名思想史家林毓生教授对于以上问题的最新思考，这些思考是深刻的、令人警醒的，但正如林毓生教授所言：造成灾难的原因非常复杂——我们以为将乌托邦主义引向反面的责任不宜完全归咎于个人，许多灾难往往在诸多因素的互动中发生，因为个人不是神，其理性总是有限的；一个民族乃至人类的理性也受到历史的限制，甚至还时不时地受到短视的、趋利避害之本性的支配。总之，对于如此复杂的历史问题不能以简单的、线性的因果论去把握，而应以关联性、系统性的思维方式加以探讨。

林教授最后指出："作为（动员群众的）政治工具的乌托邦主义颠覆了乌托邦主义。这是乌托邦主义的异化，换言之，它的崇高目的，虽然事实上根本不可能达到，而被当作政治工具使用以后所产生的后果则是：它本身的理想也产生了异化，因为它背叛

了它自己!"①尽管这只是一个学者的思考,但必须承认这是对我们"绕不过去的问题"的深入而认真的探讨,并有相当的代表性,其对乌托邦主义走向反面之深层次原因的分析十分中肯。

当然,我们对这一问题的反思也不应止步于原因探究,而更应注重于教训的吸取。早在十多年前,就有历史哲学家极其沉痛地告诫我们:历史已经为我们提供了充分的悲剧性例证:"斯大林主义"、中国的"大跃进""文化大革命"等。往往正是在极力强调和高扬客观性、规律性和科学性之处,专制个人的唯意志论最为猖獗。人们一次又一次地把权威和伟人的思想宣布为放之四海而皆准的历史规律的最终发现。而当历史的实际进程与这些所谓规律相悖时,人们不去反思历史之中是否真的存在着一经发现就将一劳永逸地解决一切问题的规律或神律,而是一次又一次地将之归咎于认识的偏差和实践的失误,结果推翻或放弃了原来的权威,又在新的"世界历史人物"身上去寻找这种规律的化身。由此可见,如果我们意识不到这种思维定势的制约,所进行的理论研究与宣传仅止步于就事论事的水平,那么重建理想的研究与宣传又如何引领社会潮流!对此,我们将在以后的论述中从历史哲学与思想史的角度加以较全面的专门探讨。

三、反思思维定势与理念陷阱

如上所述,对于当今理想失落的归因分析,我们往往陷入一种简单的思维定势与理念误区之中,这就是:马克思主义的信念、共产主义的理想,在苏东那些所谓的"社会主义阵营"的实践中失败

---

① 林毓生:《中国传统的创造性转换》(增订本),579~580页,北京,三联书店,2011。

了,当年曾经让人们坚定不移信奉的社会规律和指引人们前进方向的思想体系轰然倒塌,当年人们奉之如神明的伟人领袖纷纷走下神坛,而大量解密的历史档案显示他们竟然还犯下了那么多错误乃至罪行。这一系列的历史事实,使人产生了强烈的挫折感乃至受骗感。失落了理想的那些人特别是掌有权力的一些官员,往往沉沦于物质与感官享受,这对于习惯于"以吏为师"、信奉圣贤清官的国人理想信念来说,无疑雪上加霜。

然而,这种以过程代目标,追求绝对真理,迷信伟人圣贤的理念与思维方式,本身就违背了马克思主义。我们不妨从两个方面略做解析。

第一,把理想与为实现理想之某种路径选择服务的学说体系等同起来,并将学说体系人为地"绝对正确"或"唯一正确"化,由此,学说体系的问题也就与理想本身捆绑在一起了。

如果说,我们能以"试错"(波普语)的理论与人的"有限理性"(康德语)的认识去分析把握问题,去认识路径选择中的错误以及学说体系之不完备的话,会感到错误与不完备是正常的,更不会对理想本身产生怀疑。然而,问题恰恰是:长期以来,我们认同"完备性学说体系"(哈贝马斯语)与"唯一正确理论"的理念,以为必定有实现目标的一整套理论将揭示一条一般人无法找到的历史规律,有了这个规律,理想的实现就如同囊中取物。一旦规律不灵,学说体系显得不完备,真理远离了我们,理想也便随之动摇起来了。

其实,这种现象的产生要从两个方向去把握,一方面,当年的路径选择者自己也受到追求"完备性学说体系"思维定势的操控(当然也可能有主观上掌握话语权的意图,"苏东"就是如此),希望能一劳永逸地找到一条带领民众实现目标的道路,从而统一思想、统一步调直奔目标,完成大业;另一方面,由于长期生活于封建专制制度之下而养成了依附性人格的国人,尽管被宣告"从此站起来了",但文化基因一时很难改变,自然也希望能依赖某种学说体系,躺在现成的某种真理之上,以实现人间天堂的愿景。正是在这种美好的但是虚幻的互动中,一旦完备性学说不再完备、"真理"也难依赖之时,本来就乏力于独立思考与创新的那部分人,就会感到天昏地暗乃至天塌地陷,失去了靠山、失去了方向目标。

邓小平在新时期改革之初提出了"摸着石头过河",我们今天仍记忆犹新。那是对于上述问题的中国式破解,意义极其重大。不追求也不相信有什么永远完美的学说体系,才会有忧患意识,才会不断创新进取,少犯同一错误;敢于摸着石头过河,才会有变革意识,才能离理想的目标近一点。

第二,把理想与某种实现路径的设计者联系在一起,将路径设计者的局限性视作理想本身的问题。

任何学说体系都由人创立,因此与对"完备性学说体系"依赖心态相伴相生的是对创立学说体系的"天人",也可称之为圣贤、伟人、领袖的无保留的信赖与依托,这种情况对于长期习惯于依赖权威的国人而言,尤为严重,甚至已经成了一种集体无意识——对好皇帝、大清官、大侠客(在文艺作品中)乃至好领导、好长辈(在现实生活中)的渴望与依赖,在今天仍被视为一种很正常的思维、很正确的观念。其实这也是长期以来人治盛行、法治难推的社会心态与国民精神基础,甚至可以说已经是一种文化基因了。令人惊讶的是,这种情况甚至在运用最新技术的网络上也得到了体现。有学者研究后指出,盛行于中国网络的微博社会其体现的社会结构关系仍是一种众多粉丝面对博主的"众星捧月"式的关系,是粉丝希望获得有一定社会名望和影响力的博主的"庇护"。①

然而,任何圣人、伟人的智慧与理性都是有限的,并不可能成为"天人",人类历史上也从未出现过"天人"。任何圣人、伟人的明察秋毫只是人们的美好愿望。人难免犯错,尤其身处特殊的地位并掌握权力之人,如若犯错,其产生的后果往往是灾难性的;即使是一个地区、一个部门的领导,在主观随意性或者贪污欲念与政治野心的操控下,也会产生相当的经济与政治后果。在大多数情况下,这些路径的设计者和实际操作者将自己当作理想信念的代言者、表率者。由此,设计者的错误、执行者的堕落引起的连锁反应就是人们将其与平日宣传的东西一并抛弃,这里从崇拜信奉到虚无背弃往往只是一步之遥。

我们以为,破除思维定势,走出理念误区,本来就是理论研究与相关宣传的职责,更是我们与时俱进的基础。由此,我们才能掌握主动,真正获得话语权。

第三节 理想重建的一些思考

由于路径设计的谬误或者将理想工具化——异化的歧路,导致人们对理想的困惑、厌倦与背离。然而,乌托邦的理想终究是人类思想的结晶与精神的寄托,问题在于如何认识乌托邦思想的必要性、多样性和层次性,如何把握理想实现之路的阶段性、差异性和渐进性。在此,我们仅就这两个问题,引入当代学者的一些最新思考,并略加阐述。

---

① 郭宇宽:《微博社会——民粹主义与庇护主义滋生的良好土壤》,载《南方都市报》,2011。

一、乌托邦思想是必要的,理想信念的重建是必需的

20世纪初,一群来自世界各地的多门学科学者,聚集在世界著名的"卡尔·恩斯特·奥斯特豪斯"博物馆,从不同的角度探讨乌托邦思想与今天的相关性,质疑"乌托邦思想终结"的观点,一致认为"乌托邦思想恢复名誉是必需的"①这些学者提倡一种严密界定的、更加广泛而复杂的乌托邦概念。

在这些学者中,世界著名的乌托邦思想研究专家、美国圣·路易斯——密苏里大学教授莱曼·托尔·萨金特的观点颇具代表性,他强调基于现实之上的乌托邦思想的必要性与内在性,主张超越"乌托邦——反乌托邦"模式,以跨民族的视角来看问题,进而提出以一个更好世界的"相对乌托邦"概念取代一个完美世界的"绝对乌托邦"概念。

萨金特教授的主要观点如下:

(1)乌托邦可能有害,但乌托邦思想是必需的。他认为:"20世纪见证了乌托邦的种种热望与这些热望造成了狄托邦(即"糟糕社会")之间的持续运转。法西斯主义设计的积极形象变成了集中营的狄托邦。波尔布特的乌托邦之梦变成了柬埔寨的狄托邦。非洲民族主义运动的乌托邦之梦演化成一系列的军事独裁政权。布尔人的乌托邦之梦在20世纪大部分时间变成了南非的狄托邦。可以看出,20世纪是一个乌托邦的热望不断被更新与不断被击败的世纪。但是我认为尽管乌托邦可能有害,乌托邦思想却是必需的。"②

---

① 约恩·吕森:《思考乌托邦》,序言第1页、第一章第3、6、12页,济南,山东大学出版社,2010。
② 同上。

（2）乌托邦思想的最新模式是多样化的，没有适合一切情况的模型，也不提供完美一类的东西。萨金特指出："乌托邦打算送给我们世界真正的人们使用，维持改良的庄严承诺，但不提供诸如完美一类的东西。他们提供乌托邦，能了解乌托邦思想的内在危险并提前预防。这种乌托邦甚至暗示，即使在我们造成的狄托邦世界中，仍旧可以过乌托邦的生活。他们同时响亮地坚称，没有人应当被迫生活在狄托邦中，以满足总统、先知、暴君与独裁者的权力欲。""乌托邦思想对我们的社会健康、政治健康与心理健康是重要的，不过，如同其他事情一样，其有时空的限度。一种模型不会适合一切情况。在任何给定的时代，将不可避免地有多重的未来图景或乌托邦。我并不是说它们都同等有效。"①

（3）主张"相对的乌托邦"是为了防止乌托邦向狄托邦的演变。萨金特教授借用 20 世纪著名作家、思想家加缪的话，指出人类不会"愚蠢到要盼望一个'绝对的乌托邦'，一个'相对的乌托邦'应是可能的；我们必须声明'相对乌托邦'的必要性，以避免'绝对乌托邦'与乌托邦在预言家与政客们的诡计下变成狄托邦的危险"。在此认识的基础上，萨金特教授的这些观点，对于我们重新"构建一个开放的、和谐的人类共同家园"的理想，无疑极具参考价值，将使我们感到"仍值得梦想与期望一个更好的但不是完美的世界"②，并为之努力。

---

① 约恩·吕森:《思考乌托邦》,序言第 1 页、第一章第 3、6、12 页,济南,山东大学出版社,2010。
② 同上。

二、重建理想：超越理想的理想主义与现实的现实主义，走向理想的现实主义与现实的理想主义

理想的重建应该建立在"对于社会的'实际'的经验性考察，对于'应有的'理想社会的理论性构筑，对于实现这种理想社会的'可能性'追求"这三者不可分割的联系之中，这就决定了这种重建必须超越理想的理想主义与现实的现实主义，而走向理想的现实主义和现实的理想主义的互补结合。

这里，理想的理想主义就是以上论述中分析的纯观念的完美的乌托邦主义，而现实的现实主义就是犬儒主义、实用主义。历史已经一再证明，这是人类发展的歧途。

为此，我们要解说的是理想的现实主义和现实的理想主义以及两者相互联系与相互补充的特点。

一般认为："从和平、正义、人权、环境保护、公共之善、多种文化的相互承认、和解等哲学概念出发，在现实生活中冷静地寻找实现这些理念的途径"就是"理想的现实主义"[①]。著名社会哲学家吉登斯则将之命名为"乌托邦现实主义"。我们尊重乌托邦（理想之乡）这一理想实现的可能性，而不是将其视为不现实的空想对其嗤之以鼻。从理想的现实主义角度来看，现实的现实主义是可憎的犬儒主义，而理想社会的梦想、希望拥有无限潜力和价值。不过，理想的现实主义与理想的理想主义，即乌托邦主义亦不相同，它使人站在社会科学的角度冷静思考，分析这种梦想和希望在现

---

① 笔者在这里要说明的是，本部分在对理想的现实主义与现实的理想主义进行解读时，移植了日本学者山胁直司教授的相关理论（可参阅《公共哲学第十卷：21世纪公共哲学的展望》"全球——区域公共哲学的构想"一文，人民出版社2009年6月版）。山胁直司先生用这对概念解释的是"公共哲学"问题，笔者用这对概念解释的是"理想信仰"问题。对于这组概念的借用与移植就如同现今一些学科借用与移植柏林先生之"消极自由主义与积极主义"的做法是一样的。

实社会中能否实现。如果情况允许,也可以采取次善之策或是选择招致灾祸较轻之途。

另外,"现实的理想主义"是从对现实社会的考察出发,在考察过程中探寻建立较为理想的社会的可能性。这种途径从经验性社会科学角度出发,以波普的渐进式社会工程学为代表。与从理念出发的途径不同,现实的理想主义的出发点是实际的社会分析,并以现状分析为基础,探索打破现状建立更好的社会的可能性。这也与乌托邦主义等理想的理想主义迥然不同,与犬儒主义等现实的现实主义也有着明显的区别。

上述理想的现实主义和现实的理想主义,在重建理想、推进和谐社会愿景时互为补充、相得益彰。两种思路应突破途径的差异,将"现实的社会认知"和"理想的实现"统一起来,反对犬儒主义、乌托邦主义。

以上是我们对乌托邦思想的必要性与重建乌托邦现实主义理想的初步思考。在构建中国特色核心价值观的进程中,这样的思考是有意义的,同时,也是需要不断发展的。

第二章 从"潘晓讨论"到"乌托邦告别"
——历史哲学视角下当代理想教育何以"转身"的探讨

理想失落与重建的探讨都应有理论依据,才能高屋建瓴地总结教训,开拓未来。本书面临的第二个任务就是从历史哲学的视角对第一章进行深层次的开掘,以期就事论理,从源头上正本清流,为构建中国特色的社会主义核心价值体系和推进中国的现代化进程提供参考。

从潘晓讨论到乌托邦告别,仅仅二十年间人们从热切地渴望重建到冷静而坚决地告别乌托邦理想,如何解读这一历史演变的内在原因,对于当下理想教育的发展取向颇具启示意义。本部分试图以现有的认识水平,从历史哲学的视角反思这一历史演变;努力把握理想内涵的层次性与变动性特点,把握理想内涵的变动性与时代背景、文化传承以及人性特征的关联性;进而为认识当下重建理想的可能性与必要性,为中国转型期国民理想教育目标定位的务实性"转身",提供一种新视界和新进路。

三十年前,一场全国范围的"潘晓讨论"影响深远,至今余波未尽。"潘晓讨论"的核心问题是:"文革"结束后的青年一代面对"革命"浪潮退去后普遍的理想失落现实,感到困惑与迷茫,感叹人生的道路越走越窄,渴望再建远大理想,重振革命意志。尽管事关青年,其实这反映的是一种不容忽视的心态。不过,到了20世纪末,尽管没有大张旗鼓地讨论,也没有媒体的推波助澜,一场"告别革命""告别乌托邦"的社会思潮汹涌而来,几乎不可阻挡。革命尚未成功,理想还待重建,然而人们却决心与之告别,执意回归日常生活。从"潘晓讨论"到"乌托邦告别"、从重建理想到回归生活之间有何内在联系?如何把握这一历史现象的深层次原因?如何理解理想与乌托邦的多样性、层次性?如何实现当下理想教育的成功转身与务实定位?本研究试图以今天的认识水平再行解读并从历史哲学的视角加以初步探讨。

第一节 "潘晓讨论"与"乌托邦告别"的再阐释

按照阐释学的理论,人们对事物的理解与阐释总是受到其"认知图式"的限制,而这一限制又总是来自时代的制约与人的自省水平。当我们与时俱进更新自身的"认知图式",回望已经过去的历史事件,往往会有新的发现。今天,我们回首"潘晓讨论"与"乌托邦告别"的历史现象亦是如此。这种新认知、再阐释对于人类与社会的发展有着积极的意义。

一、"认知图式"框架的再构

本章吸纳日本学者对一些问题的研究思路,将通常用来讨论理想①问题的"理想主义与现实主义"这一对概念扩展为四个维度的两对概念,力图使问题的解读探讨更具思维的张力,更深入而具体。这两对概念是:(1)理想的理想主义与现实的现实主义;(2)理

---

① 关于"理想",《辞海》的解释是"同奋斗目标相联系的有实现可能性的想象",很明显,理想有两个特性:"实现的可能性"与"想象性"。由于仅仅存在着实现的可能性,就隐含着理想实现的曲折性与不确定性。而理想分不同的层次,越是高端的理想,其想象的成分越多,所以其"实现的可能性"中曲折性与不确定性就越大。本部分要探讨的理想指的是社会理想。一般认为,社会理想是由各种形态的理想构成的理想整体中,居于最高地位,它是理想的最高形式,制约和影响着其他理想。

想的现实主义与现实的理想主义。

①理想的理想主义。这是一种无视现实的、纯理念的理想主义,也是一种主观的、空想的、完美的乌托邦理想。其绝对的完美性有很大的迷惑力,极易诱发浪漫而激进的想象,因此,其也被称为"浪漫的乌托邦主义""激进的理想主义"。

②现实的现实主义。这是彻底抛弃高层次理想的务实主义、功利主义;也是一种抨击现实却又屈从现实、放弃理想与责任而明哲保身的犬儒主义。

③理想的现实主义。一般认为,从和平、正义、人权、环境保护、公共之善、各种文化的相互理解承认与和解等人类共同的文明理念出发,在现实生活中冷静地寻找加以实现的途径。在多种途径的选择上,尽可能选择招致灾祸较轻之途。著名社会学家吉登斯将其称为"乌托邦现实主义"。

④现实的理想主义。其立场是从对现实社会的考察出发,在考察过程中,探寻建立较为理想社会的可能性。它与理想的现实主义的不同点在于注重实际的社会调查与分析,并以此为基础,探索打破现状,建立更好的社会的可能性。

很明显,前两者都有可能将人对理想的追求引入歧途。而后两者的互补则应是我们重建理想、再启理想教育、实现社会和谐的正确道路。正是这样一组概念组成的认知框架及其显示的层次性、差异性意蕴,使我们有了可以回答前述问题的新思路、新方向。

二、"潘晓讨论"反思

今天回首"潘晓讨论",不得不承认,当时我们对"理想"的理解,基本还停留在"理想的理想主义"的阶段或水平上,这是历史性的局限所致,更受我们每个人的"有限理性"所限,我们不可用今天的"认知图式"去责难前人。反思流行于 20 世纪的"理想",作为当时一种"浪漫的乌托邦主义"或"激进的理想主义",其对理想的实现,大致包含了以下内涵:理想的实现,必定依赖于一个天人合一的伟人,依赖着这一伟人创立的伟大学说,正是这一学说体系按历史的规律为我们设计了唯一正确的理想实现路径。只需跟着伟人,坚信其"放之四海而皆准"的真理,沿着其指引的革命道路,我们就无往而不胜,就能到达光明的彼岸,进入朝思暮想的天堂。然而,世上并无"天人",也无"完备性的学说体系",再伟大的人终要走下神坛。面对这一切,习惯于依赖伟人与真理的人们,自然深感困惑与迷茫,理想的破灭与精神的危机难以避免。所以,我们今天反思"潘晓讨论",可以认识到:困惑与迷茫是历史的必然。不过,旧理想的破灭与旧精神的危机也正是新理想、新精神重生的转机,民族的头脑正是在这样的危机与转机的纠结中以及在破灭与重生的两难中走向成熟的。

三、"乌托邦告别"纠偏

20 世纪 90 年代后期,一些学者在研究浪漫主义、激进主义的乌托邦理想时,揭示了其在 20 世纪世界的大变局中,给人类与社会带来的灾难性后果,认为某些以"主义"之名掀起的一场场所谓"革命",因将美好的目标异化为工具与手段而走向了反面。于是,"告别革命""告别乌托邦"成为一种社会共识。然而,由于长期受到极端思维的控制而缺乏思维张力,人们极易从一个极端走向另一个极端;同时,也由于长期被"以革命的名义"压制着的人的自然属性——物性、物欲,随着"告别"而极度反弹释放。于是,"理想的理想主义"走向了"现实的现实主义"那一端。由于对理想与乌托邦缺少多维度、多层次的把握,许多人一头扎进了功利主义、实用主义与极端个人主义的泥潭而不能自拔。由此，必须再次在认识上加以"纠偏"，这就是：在认清乌托邦可能有害的基础上，坚持乌托邦的思想；我们要告别的是绝对的、完美的也是虚幻的乌托邦，要坚持的是相对的、不尽完美的可能的乌托邦，也就是理想的现实主义与现实的理想主义互相结合、互相补充的乌托邦。这就是当代国人理想教育"转身"应把握的尺度。

第二节　历史哲学的启示：破思维定势，做现代公民

人类区别于动物的特质之一就是有思想，而理想信仰正是人类思想的精华，对美好的未来社会和生活的想象可以说是人类思想的结晶。为了实现理想，人们也进行了各种各样的路径设计。而这些设计由于受到人的理性的限制，往往显得浪漫而激进且过于简单。

正是这些激进的、浪漫的历史设计把复杂的人类社会简单化为物理机械现象，把人类社会设想为完全可控的对象，并急于要将人类社会可能要几百、几千年乃至几万年实现的目标，计划为可以超越一切经济、社会和历史文化条件而快速建成。正是这种乌托邦的历史设计给人类带来了灾难，也正是这种灾难又在相当程度上葬送了人们对理想的向往与憧憬；趋利避害的本能会使人们在相当长的一段时间里对此类理想敬而远之甚至嗤之以鼻，人们会以加倍的努力乃至疯狂地追求曾经在理想主义大旗下不屑一顾的物质生活享受。当然，也有人会皈依宗教，寻求另一种解脱，寻求伦理生活的改善与精神生活的升华。对于理想主义乌托邦历史设计所形成的思维定势、所引发的灾难，以历史哲学为代表的不同学科的学者都有过不少的分析与批判，他们从各自的学科立场，在不

同层面上展开理论阐述,以下略做归纳分析。

一、乌托邦的思维定势之一:尽善尽美的社会理想追求与激进而简单的社会与人性改造的工程化设计

有政治学研究者通过对20世纪中国政治大转型的全方位研究与反思,一再强调站在21世纪门口的中国应与乌托邦理想告别,指出:"20世纪是理想主义的世纪,是乌托邦主义焕发出无穷魅力与光环的世纪,也是革命以谁也不知道的逻辑来试图改造人性的世纪,是'建构理性主义'(波普语)给予人们以新生活的意义,同时又摧毁着人们的诗情梦幻与追求的世纪。"①正是这种改造人性、创建新人新道德的试图,南辕北辙地造就了一个个"狄托邦"(糟糕社会),无情地摧毁了人们对"诗情梦幻"的新生活的渴望,将人们拖进非人道的灾难之中。

历史哲学的研究在这方面有着更深入的思考。说起理想主义,人们往往将其与乌托邦联系在一起,哲学家站在历史的层面上对此进行了阐析,指出:"一般说来,'乌托邦'一词在人们的不同使用中,往往有如下各种不同的含义:首先,它常常被当作'理想'的同义语,代表着一种超越现存的未来社会图景;其次,这种理想更多地涉及一种与现存对立的理想的国家政治制度,一种人们所追求和渴望的完美无缺的理想社会或生活环境;最后,由于上两层相互关联的含义,乌托邦又包含着可望而不可即的含义,是一种无法实现的理想,常常成为'空想'的同义语。"我们以为,这里"无法实现"的含义是指当下与相当长的时期里无法实现,未来能否实现只有留给后人依据人类自身发展状况来判定。

---

① 萧功秦:《中国的大转型——从发展政治学看中国变革》,276页,北京,新星出版社,2009。

历史哲学研究者还提出了"乌托邦定势"的概念，并在阐释其内涵的同时指出了其在历史上引发的消极后果：乌托邦定势"是指人内在具有的对永恒、无限和完善完美的渴望与冲动，指人根本超越自身有限和孤独的存在境遇，即超越人在宇宙存在链条上介乎于自然性和神性之间的位置的企图和倾向。这一乌托邦倾向或定势的最终意图是要把人提高到神的地位，或者使人与神认同，从而终结人之为人的历史。这一倾向从根本上有悖于人的存在本性，它所设定的目标是人永远无法企及的存在状态，因此，它会对人的存在和历史进程带来消极的后果。"

正是在这种乌托邦定势的导引或误导下产生了这样一种"乌托邦的历史设计"，研究者指出："必须看到，乌托邦定势是一个矛盾的复合体，一方面，它包含或体现了人之为人所必不可少的超越的维度，体现了人的活动扬弃现存的给定性的自由和创造本性；但是，另一方面，由于它企图超越人之为人的地位，使人从介乎于自然性和神性之间的特殊定位跃升为神性的化身，所以这一乌托邦定势又包含着上升或转换为'乌托邦历史观'或'乌托邦历史设计'的潜在可能性。这后一种倾向常常会加重历史进程的悲剧色彩，使理想与现实、历史投入与历史产出之间的反差更加鲜明更加强烈"。

那么，为何会产生这样强烈的反差，并使人类的历史进程染上悲剧的色彩呢？研究者认为，"这是因为这一乌托邦定势并非简单的个体心理倾向和定势，在一定条件下，它会幻化成一种弥漫特定时代的普遍的社会心态，而这种乌托邦社会心态又会通过自觉的或自发的途径转换成一种自觉的'乌托邦历史观'，即通过理论的升华而浮上历史的表层，成为一种引导特定社会历史进程的'乌托邦设计'。由此可见，这种超越人介乎于自然性和神性之间的特殊定位的乌托邦定势或企图仅仅作为人的内在渴望和冲动,尚不会造成十分严重的消极后果。但是,一旦这种乌托邦定势或企图上升为人们自觉设计和自我选择的历史行动(笔者注:即改造人的社会工程),成为人类自觉趋向和追求的目标,则会带来严重的历史后果。把人的历史当作神的历史来设计与创造,结果历史往往表现为期望、失望和绝望不断轮回的风景图,或者成为盲目乐观与消极悲观相互交替的曲线,人类历史由此成为一个乌托邦取代另一个乌托邦的活剧"。

二、乌托邦思维定势之二:把社会理想的设计与人的改造工程托付给掌握"历史必然性"的超人

研究者进一步揭示了乌托邦思维定势更致命的缺陷,那就是除了"把人的历史当作神的历史来设计与创造",还"把人的命运和历史的前途交付人之外的超人的力量或实体",并且把这类超人"之有限的自由的存在与活动设想成了完善完满的神的结构"。这个缺陷主要表现在两个方面:

首先是"人之主体性的沉沦和病态的末日心态的生成"。由于乌托邦历史设计"对于超人的实体创造规律的过分强调以及对未来完善完满的理想境界的执着追求,就造成了十分消极的后果。一方面,它很容易为一些不人道的理论与实践提供借口,结果作为自由和独立个体的人往往牺牲于上帝、理念、规律、社会、国家、民族、集体、整体的名义之下。另一方面,它很容易使人从自由的、自觉的、自为的、积极的和创造性的存在物蜕变为消极的、被动的和自在的存在物,使人在逃避孤独的同时也逃避自由。这样一来,外在的压力和内在的惰性使人既不能成为历史活动主体,也不能成为自己的现实活动的自觉主体,而是在对外在的超人力量和实体的顺应和屈从中期待着'末日拯救'"。特别是在社会转型期,"一旦人们长期赖以安身立命、由之获取安全感和依托感的实体或力量坍塌,一旦为人们的重复性思维和重复性实践提供现成框架和模式的文化价值解体,人们就会陷入深深的悲观和绝望之中。这时,横在人们面前的不是进入天堂的末日拯救,而是下地狱的末日审判。在这种情况下,无主体的人不知如何在'无神的殿堂'中生存,他在历史转变时看不到新纪元的开端,而只是世界的末日。从这一视角审视,迄今为止的人类历史在某种意义上为我们提供了一连串乌托邦历史设计相互更替的图景,而人们则动摇和摆动于盲目乐观与悲观绝望两极之间"。这一论述,无疑也是对自"潘晓讨论"出现以来一直困扰我们的理想失落和主流文化的信仰信念教育长期低绩效的最好解答,也恰好有力地证明了"乌托邦历史设计"的灾难性后果和要害所在。

其次是"历史必然性外衣下的专制个人的随心所欲"。也就是说,当历史主体在宿命论的误导下,自觉或不自觉地让渡自己的自由独立性和参与知情权,把自己的命运托付于"历史必然性"。而掌控着历史必然性的伟人、领袖,在唯意志论的驱使下,随心所欲地摆布着历史。在这种情况下,人性的扭曲无可避免,灾难性的后果随时可能降临。

对于"摆布历史"的伟人而言,什么事都可以想、什么事都可以做,这在当年的苏联表现得尤为淋漓尽致。当代俄罗斯家喻户晓的历史与方法论学者和报刊专栏作家谢·卡拉－穆尔扎在其著名的专著《论意识操纵》一书中曾经这样介绍苏联伟人们的主观随意性,他指出:"历史唯物主义是苏联官方意识形态组成部分的学说。但这种学说很快就脱离了自己的创立者,具有了独立的生命(也正是有鉴于此,马克思曾声明自己不是'马克思主义'者)。实际上历史唯物主义是苏维埃时代在党的'实验室'里为了形势的需要而生造出来的,它同马克思主义经典作家的思想并没有关系。其目的不是为了发现规律,而是为了给实践做注脚。如果说政治局除了集体化找不到其他出路,那么斯大林绝不理会任何历史唯物主义,而是自顾朝前走。以后让奥伊泽尔曼院士去证明这一决策符合社会发展的客观规律好了。"①一个领袖、一个政党,竟可以如此简单地制造"主义"和"理论体系",并以此去指导解释和强力推行决策计划,其灾难性的后果可想而知。而如此神圣的"主义"和"理论"竟然只是伟人手中的工具乃至玩具,这对于"乌托邦主义"理想者的打击无疑是毁灭性的。

这就是历史哲学给我们的启示:在这样的将人引向灾难的乌托邦定势或历史设计面前,人们怎能不赶快"转身"并尽早告别。

时至今日,站立在现有的认识水平之上,我们可以充满信心地说:在这种毁灭中重生的将是"现实的乌托邦主义"(吉登斯语)的理想者,他们将回归人性,成为摆脱了依附性人格的自觉的主体,并终将成为坚决维护自身知情权、参与权与发展权和具有现代公共理性、勇于承担社会责任的合格公民。

第三节　余论:抓住转机,成功"转身", 让"人"成为"好人"

当下国人理想教育的务实性"转身",主要是我们必须摆脱"乌托邦与非乌托邦"的二元对立思维,提倡理想的现实主义与现实的理想主义的互动互补。用最简单的话来说,就是"回归现实但不放

---

① [俄]谢·卡拉-穆尔扎:《论意识操纵》,454页,北京,社会科学文献出版社,2004。

弃理想",也就是要直面现实,改变现实,一步一步地去建设比现在更好一些,但并不十分完美的社会。这样,面对的是什么现实,如何渐进地改变现实,我们有可能在哪些方面使我们的社会比以前有进步?依据理想实现之路的阶段性、层次性特点,这可能成为不同发展背景与阶段中有不同解答的最基本、最现实的理想教育内容。这样的理想教育才是最贴近现实生活、最鲜活、最实在的理想教育。我们以为,就中国现阶段而言,中国最大的现实问题之一就是社会、经济的发展与国民素质发展水平的不均衡,而随着网络社会与微博时代的到来,中国社会公共空间正在呈几何级数扩展,但国民的公共意识、公共理性与公共精神等素质与这一无限的公共空间明显不匹配。同时,长期的理想主义的教育与灌输,以及一些有明显封建性的文化基因的影响与毒害,又从根本上侵蚀了提升国民相关素质的人格基础。为此,当前理想教育的最紧迫的"转身"任务,简而言之就是"降足虚火,补足缺课",要就低不就高、重在整体水平的提升;就是除了知识技能的教育之外,运用多种渠道、多种形式培育其独立人格与现代公民意识,使大多数国民成为一个既对自己负责也对他人负责的有社会责任感而又能独立思考的合格公民。当然,这样的"转身",还包括在养成社会意识感的基础上确立远大的社会理想,使当代国人成为和谐社会共同体的自觉建设者和维护者——一句话,使其从"人"成为"好人"。

第三章 日常生活重建：从不和谐走向和谐

——文化自觉视野中非主流文化的演进与生成

在较深入地探讨了"5"的问题之后，就要直面"2"的问题了。本书将真正在日常生活中对国民发挥着重要影响的"非主流文化的理念习惯"，置于人性水平与生活需求等多个视角之下展开解读，并未将非主流文化绝对地负面化，而是在多维的视角分析中，确认其存在的历史必然性，并进而以文化自觉的立场，指出其在现代和谐社会日常生活重建中，如何梳理、切割与重新整合的必要性和可能性。

本书认为，在当代和谐文化的建设中，"5+2"的新整合重心就是：承上——理想文化、精神生活与启下——物质生活、大众文化的"公共伦理生活、伦理精神"的建构。简言之，就是在主流文化中构建起"公共文化"的理念与精神，在非主流文化中梳理、开掘出"现代伦理"的理念与精神，以此作为社会主义核心价值体系的组成部分，引领国民去建设一个全民翘首以待的和谐社会。

众所周知，由于作为主流的理想文化的长期乌托邦化、浪漫化，已经或正在失去对国民的影响力，而迎合国民日常生活需要的属于非主流文化的理念、生存方式、思维与行为取向正在或已经成为国人的潜意识、民族的集体无意识。今天，我们站在文化自觉的立场上，就应该对这一被长期忽视或无视的社会现象加以深入系统的解读、分析与梳理切割。也就是说,先要从文化转型、人性提升、教育复位与生活完善等层次上加以全方位审视区分;再从社会经济与人类的科学发展、和谐发展、可持续发展上加以评判切割;进而在对国人素质养成影响最大的日常生活中,从最深刻的文化心理结构层次上推动现代素质的生成,为中国现代化的进程和中华民族的复兴提供内在性、本源性的动力。

第一节 文化的绵延性与文化自觉

如前文所述以及调查数据所显示,当下的社会转型期,由于种种历史因素的叠加,国民素质中最缺失的就是人的交往理性所决定的公共伦理素质。而要实现人的公共伦理素质的提升,就要重视有助于公共理性孕育发展的文化环境的建设,以及优化的文化传承,也就是说,人的公共理性提升只有在与相应的文化环境的良性互动中才能实现。这里所说的文化环境的建设目标就是由具有文化自觉性的社会成员共同建设而成的公共社会。所以,提升人的理性水平首先要提高人的文化自觉性。

人的理性提升与文化有着密切的关联。具体说来,这些关联表现于文化自身的绵延性,表现于文化与人、社会的互动性以及文化自觉对人的理性提升与社会持续发展的决定性意义。把握这些关系,主要是在认识绵延性、互动性的基础上,提升文化自觉性,从而为当下与未来国民素质的发展及其国民教育提供正确导向,做出准确定位。

首先是"文化绵延"。文化绵延是许多哲学家和历史学家、社会学家十分关注的问题,如帕格森、布罗代尔、海德格尔等。这个绵延性主要源自于一个特定的时间概念,既"文化—心态"时间,这是不同于自然意义上的客观时间的、政治文化意义上的主观时间,这一"时间"具有长期绵延的特性,是人类社会内在的、心灵的时间,包含着人的心态结构、集体无意识,并同文化传承、文化经验的承袭密切相关,也和人性的基因遗传、文化遗传与实际社会经验不断结合、积淀、因袭相连。正是这种文化绵延性使得朝代可以更替,国家可以分合,但人类社会可以维持、运转乃至持续发展。当然,是维持在能"共患难"水平还是"同富贵"水平,则取决于民族与人类的理性程度与文化自觉性的确立。

纵观历史,我们大致可以看到:人类社会与文化的互动往往存在着多种状态,一是先进文化与进步、可持续发展社会的互动;一是落后文化与黑暗、愚昧社会的互动,并最终走向溃败。当然,进步社会中也会有落后文化的存在,黑暗社会中也会有进步文化的存在,关键是不占主流、主导地位。先进文化主导下的可持续发展社会,与其高度的物质生产水平相映生辉,使社会低成本运转,使人的理性水平得到提升,也使人的生活质量不断提高;反之,落后、腐朽文化主导下的黑暗社会,即使有较高的物质水平,也将使人们生活在享乐主义之中,使人物欲膨胀、道德沦丧,乃至社会崩溃,让人们回归"丛林",遭受灭顶之灾。

人类历史的发展轨迹似乎一次次地印证着以上的假设,文化的堕落、理性的低下,导致人类文明的衰败,人们被一次次地推进深渊。人类何以走出这种历史循环的宿命?这就要做到:在创造高度物质文明的同时,实现文化自觉,以提升人的理性水平。

其次是"文化自觉"。文化自觉是著名社会学家、人类学家费孝通先生于20世纪末提出的重要学术与现实命题,他是这样解释此命题的:文化自觉只是指生活在一定文化中的人对其文化有"自知之明",明白它的来历、形成过程、所具有的特色和它发展的趋向,不带任何"文化回归"的意思,不是要复旧,同时也不主张"全盘西化"或"坚守传统"。自知之明是为了加强对文化转型的自主能力,取得决定适应新环境、新时代文化选择时的自主地位。①

我们认为,费孝通先生提出文化自觉命题的重要目的之一,就是在对多元文化进行自觉梳理和把握的基础上,站在21世纪的世界性高度上,造就"在21世纪的世界里生活的人",为新一代"准备一个能适应21世纪人类生活的脑筋"。②

费孝通先生的洞见无疑指明了我们为建设现代社会准备新脑筋、提升理性水平的途径,更为我们对日常文化的梳理指明了方向。我们以为,文化自觉应当包括继承与吸纳,而且继承与吸纳也是有选择的:一方面要继承和吸纳中西文化的精华;另一方面则要梳理、批判、剔除不利于社会进步、人性提升的糟粕。具体到社会发展上就要剔除不利于社会和谐运行的落后文化,如臣民文化、流氓文化、痞子文化、黑社会文化这些体现人性中物性与低层次的个人生存理性的落后文化,就要继承和吸纳有利于社会和谐的先进文化,如契约文化、法治文化这些体现了人性中交往理性与公共生活理念的先进文化。

第二节 历史反思:非主流文化的产生与演进

以文化自觉的立场反观中国历史上主流文化与非主流文化的裂变与关联、源起与演进,可以使我们深入地认识其存在与发展的必然性,以及在现代化进程中梳理切割、消解、演进的必要性与可能性。鉴于学识有限,也由于篇幅所限,本部分只能对此进行粗线

---

① 费孝通:《费孝通论文化与文化自觉》,178 页,北京,群言出版社,2007。
② 费孝通:《费孝通论文化与文化自觉》,81 页,北京,群言出版社,2007。

条的勾勒,更详尽的论证有待后续课题的进一步拓展。

一、庙堂文化：从理想到实用

在传统社会,广义的文化自然既存在于上流社会也存在于民间社会。所以,自汉武帝"独尊儒术"以来,传统上流社会里的官僚与乡绅阶层表面上都受控于主流的儒家思想文化,而非主流文化只能流行于下层社会之中。然而,这只是想当然的简单推断,实际的情况远为复杂。在主流社会表面上广为传播、推展的是理想文化,从汉武帝以来传统社会公开奉行的就是儒家文化及其变种,不过,现在更多的研究认为,实际上传统社会奉行的却是"外儒内法"的文化路线,表面上尊奉儒家理想文化,而实际上奉行的是极其功利化的以法家为主的实用文化,这是一种适合专制统治、迎合人性中"趋利避害"的生存理性,讲权谋、权术,推行愚民政策,并与推崇培养依附性人格的驭民文化教育相配合。

除了庙堂"驭民文化",还有我们熟悉的乡土社会及其文化,更有近年来不少研究者提出的"游民"或"江湖"社会及其文化。由于生产技术的限制,每逢各种自然灾害,民间便有大量的灾民背井离乡,流入他乡,从而形成"流民";更有为各种生计所迫,告别故土、流落异乡者,成为"游民"。这些流动、游走的民众,构建(实为简单的模仿)着自己的生活方式、生活理念与行为习惯,从而形成了"游民文化""江湖文化",这两者一个是从文化的传播群体来命名,一个是从文化传播的空间场域来命名,从"流""游"的共性而言,均可视为同一文化形态。此外,在专制制度下,对于"为了生存可以不择手段"的反文明信条,庙堂与江湖没什么区别,或者可以说是"同流合污"的。从这个意义上说,在封建专制制度下,理想文化只是一种摆设,一种奢侈品;操控社会运行的实际上是人的生存理性支配下的实用文化、丛林文化(可参阅表3-1)。

二、游民文化:丛林中的生存文化

如表3-1所示,江湖游民文化与庙堂实用文化是基本同质的文化,只不过其彻底抛弃了儒教文化的包装,是一种赤裸裸的生存文化、丛林文化,在表面上被主流社会边缘化、对立化了。由于生计所迫,不管是主动还是被动,这些贩夫走卒、流落他乡者,本来就没有什么思想资源,所以基本是照搬、照抄了庙堂实用文化。他们游离了以"血缘"维系的传统的"熟人社会",构建了混杂着"业缘"、血缘和"帮会缘"的新"熟人社会";为了争夺有限的资源,他们推崇"帮天下",效忠老大、依附"帮主",在极其有限的熟人小圈子里讲义气,以丛林的方式对待异己;他们崇尚暴力,信奉"拳头主义";他们制订极为原始性的帮规、排斥异己、维持等级秩序;特别是为了表达对主流社会与主流理想文明的蔑视,他们反文明、反伦理,崇尚愚昧与野蛮。

表3-1 江湖游民文化与庙堂实用文化的同质性比较

(附:传统实用文化与现代公民文化之异质性比较)

	政治与制度诉求				教化取向			理性状态与行为取向	
庙堂实用文化	家天下	驭民	威权治理	君君臣臣	愚民政策	忠君教化	依附人格	朋党意识	专制下的生存理性	无独立性的顺民
江湖游民文化	帮天下	压众	强权威慑	等级森严	愚昧崇尚	服从训化	依附人格	帮派意识	丛林中的生存理性	无独立性的暴民
现代公民文化	民天下	利民	民主管理	平等互助	智民政策	公民训练	独立人格	公共意识	公共空间的交往理性	有独立性的公民

当然,游民—江湖社会也是分层次的。其高层次的游侠文化往往寄寓着普通民众除暴安良的希望,让民众在铁桶般的专制统治下看到一线亮色;古代的山寨文化,也有劫富济贫的内涵,多少反映着平民百姓自发的"均平"理想,特别是有政治抱负、有一定纪律的山寨武装集团,更是注意约束队伍、收揽民心、反抗暴政。即便如此,他们的首领也常常做着"皇帝轮流做"的政治美梦,或是多为等着受招安的宋江式人物,更何况,在庞大的、杂乱的游民队伍中连这也不占多数。一个出于生存理性回归物性的无序群体,"帮派文化""痞子文化"是其主要的音调,这种不和谐的文化时不时地会给主流社会秩序带来冲击乃至致命的颠覆;而生活在其间的大多数人也总是命悬一线,惶惶不可终日。这种生存状态,也就导致这一群体更加仇视有序社会。

三、宗教文化:走出丛林的伦理文化

一般认为,对于人类来说,宗教文化最积极的世俗意义,就在于其能提供给普通民众一种融洽互助的人际关系和淡泊宁静的日常生活环境。厌恶了专制统治、等级森严的权威制度的普通民众,倦怠于争斗不已、尔虞我诈的丛林文化的人们,对于平等互助、淡泊宁静的生活无不向往之。正是在这样的历史背景下,宗教文化应运而生,尽管其在最抽象的理念与制度层面上仍然有传统社会理念制度的印记与痕迹,但正是在影响面最广、最深的日常伦理生活层面上有所变革创新,所以中世纪传入的印度佛教成功融入中国本土文化,而近代传入中国的天主教、基督教也是在伦理生活的层面上融入中国民间的,并且牢牢地扎根于民众的日常生活之中。

我们以为,宗教文化应该是一种共生文化,其"爱己及人""悲天悯人"的内涵应该是人类的、普世的伦理精神。而原教旨主义的独尊一家、排斥异己、诉诸暴力的取向,不足取也毫无出路,更可能为某种利益集团所利用。正是基于这一立场,我们以为,较之于无视人权、泯灭人性的皇权文化、丛林文化及其变种,基于普世伦理精神的宗教文化是一种和谐文化、进步文化。我们也应立足于此来解读宗教文化,肯定宗教文化。

第三节 文化转型:从不和谐走向和谐

经研究,我们以为这里所讲的文化转型不仅指非主流文化中的丛林文化,也包括诸如"外儒内法"统治中国两千年的主流文化中为表面的儒家文化遮蔽下的权谋术、潜规则之类。这些落后文化都是人的生存理性支配下的、貌似不同而实际几乎同质同构的专制制度下的生存文化。这样的文化传统是文化自觉立场上必须直面并加以梳理、批判与切割的,是一项系统的人性提升、生活完善、观念转变和教育复位的大工程。在此我们以引言中的图3为依据,略加阐述。

一、人性水平:从生存理性到交往理性

人是具有理性的高级动物,而且以其理性的基础——"反思能力"而区别于其他高级动物。当然,人的理性是具有层次的,至少分为生存理性、工具(生活)理性与价值(存在)理性三个层次(见图3-1)。在大多数情况下,人的不同层次的理性水平决定着人的情感认同与行为取向。

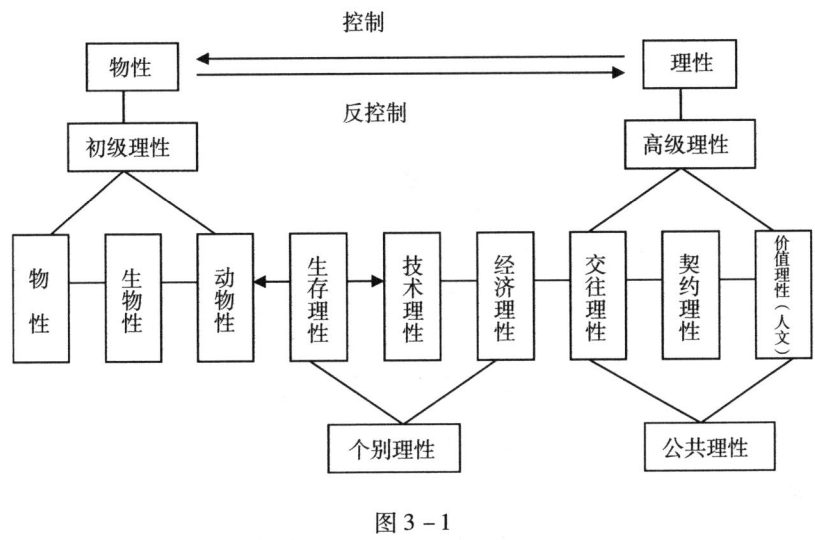

图 3-1

人的生存理性是低水平的理性,那是一种自在的、朴素的理性,它和个体与生俱来相伴终生,所以我们也称之为"个别(体)理性"。人是弱小的,它必须以族群为归属,才会获得保护、求得生存与成长空间。这种生存——个别理性也是可分层的,其上端是朴素的、自发的群体互助意识、社会归属感;其下端紧连着物性(见图3-1)。趋利避害的动物本性极易诱发人的损人利己、拉帮结派之类的行为。

如前所述,在人性的谱系图中,处于生存理性之上的是工具理性,工具理性中的经济技术理性与生存理性一样同属个体或个别理性,具有主体的自我封闭性;而工具理性中的交往契约是处理人与人、人与自然关系的理性,这属于主体之间的公共理性,这种公共理性决定了其开放性、互洽性和自觉性。如果说,面对生死存亡的灾难,人们尚能以朴素的生存理性加以应对,那么,面对日益复杂的社会问题和公共秩序的稳定运行,进而保障人类、族群的可持续发展,就要仰仗人自觉的公共理性了。特别是当人类进入地球村的高科技信息时代以后,公共理性理应成为大众理性。因为在这样的时代,如果人们还停留或止步于个别生存理性的水平,那么,社会风险与人类自身造成的各种灾难随时可能发生。由此,人们自觉地提升理性层次的重要性已经不言而喻。

二、生活质量:从传统解读到科学把握

说起生活,我们从二元的立场出发,往往将之二分为物质与精神,而说起伦理道德,我们又总是习惯将之分为公德与私德这二元。如果我们从多元的视角去把握生活与伦理道德,那么我们就会看到在物质与精神生活之间,其实还有一个伦理生活层次或维度——日常生活中,人与人、人与社会、人与自然时刻处在相互交流、交往之中,这就是伦理——人与他者的互动生活。没有了伦理生活,人类社会也不再存在,物质与精神生活还有何意义。同样,在公德与私德之间,还有一个层次,那就是公共伦理或公共道德,其实这也是我们所说的"陌生人伦理",其面对的就是伦理生活中的公共空间或领域。随着社会发展,人们交往的空间日益扩大,网络社会的到来,更使地球成为一个村庄,公共伦理对于人类日常生活的重要性空前突显。

构建与维护公共伦理生活,恪守诚信原则,严防私人利益对公共领域的侵犯、对公共伦理的漠视与践踏,才能建立良好的公共秩序,在陌生人的交往中,给人以安全感、成就感。如果在这一人们不可须臾离开的空间里,整天存在着害怕受骗上当的压力,惶惶而不可终日,那么任何人的幸福指数都不会高。中国社会从传统转向现代,其公共空间成几何级数扩大,因而公共伦理、公共精神的充分孕育发展几无可能。由此,私人关系的原则就进入了公共领域,公私不分、以私挟公一时成为"潜规则"似乎是不可避免的事

情,这也成为人们痛感当下道德沦丧(实为公共道德"缺位"与公私"错位")的一个重要原因。在这一"青黄不接"的社会背景下,人们的生活质量也不会高。所以,我们当前最紧迫的工作就是直面现实,梳理问题,一步一步去构建适应本土的、健康的公共伦理生活。这可能也是我们重建常态的、和谐的日常生活的唯一途径。

三、思想观念:从无我—唯我到承认他者

现代公共伦理生活和秩序的构建,从人性的水平而言,是一个从个别理性(生存理性)向公共理性(交往理性、契约理性)提升的过程;以哲学的视角看,则是从主体性走向主体间性的问题;从思想启蒙的角度讲,就是要从第一次启蒙时强调的"自我"走向"承认他者",由于这是对第一次启蒙的超越,因此已有学者将之称为"第二次启蒙"或"后启蒙"。

众所周知,由于传统社会与中世纪宗教强调的是"无我"即无私欲,所以第一次启蒙高扬主体性的旗帜,突出"自我",主张个性的独立自由,这完全是必要的。但是,由于历史与人性的局限,再加上宣传与理解的偏颇,有的人就将"自我"解读为"唯我"的极端个人主义,有的人更将其引申为"人类中心主义"。这就给自然界包括人类自身带来了危险与灾难。"主体性的黄昏"降临了,人们不得不反思,如何走出"唯我"的绝境,告别人类中心主义,建立一个和谐的公共伦理生活秩序,将自身的理性水平与生活质量加以新的提升。

从建设性后现代主义立场出发,有助于我们对新启蒙的阐释体现超越品格:如果说,第一次启蒙的哲学基础是主体性(subjectivity)理念,那么,第二次启蒙的基本原则就是实现主体间性(intersubjectivity)。承认其他存在者的主体性是怀特海过程哲学的重要

特征。在《过程与实在》所建构的宏大宇宙论体系中,所有实际存在物都被视为创造者,亦即我们通常所说的主体。受此影响,建设性后现代主义普遍推崇大主体观:万事万物都既是主体,又是客体,人类也不例外。在这种大主体观中,万事万物都具有主体—客体的双重身份,任何人都必须在实现自己主体性的同时承认他者的主体性。与此相应,第二次启蒙就是"承认他者的启蒙",其目标是建构真正后现代的后现代世界。最近出版的《第二次启蒙》一书较为全面地阐释了新启蒙的必要性、合理性与实现路径。在阐释第二次启蒙的目标时,有学者概括了该书作者提出的七点具体主张:(1)超越人类中心主义,高扬生态意识;(2)超越西方中心主义,推崇文化互补意识;(3)挑战划一思维,欣赏多元之美;(4)拒绝"抽象自由观",走向有责任的深度自由;(5)扬弃均质思维,走向道义民主;(6)挑战霸道科学,走向厚道科学;(7)超越纯粹理性,呼唤审美智慧。[①] 这七点主张均体现了主体间性原则,展示了向他者开放的后现代姿态。这种姿态无疑也可以成为我们公共伦理生活与秩序构建过程中的基本思想与立场。

四、教育到位:从知识技能到社会公共伦理

人性提升、理念与思维方式的改变总是与文化建设特别是教育的变革联系在一起。长期以来,我们的教育受制于简单的二元思维,侧重于知识技能与理想教育。如前所述,由于种种原因,我们的理想教育被"拔苗助长"式地提高为理想的理想主义教育,脱离了现实,成为高成本的"空转",不少"空洞"化的说教无法面对大量的社会实际问题,特别是迅猛扩展的公共生活问题。而知识技能教育固然重要也不可缺少,但是,纯粹的知识技能教育与考试,

---

① 王治河、樊没筠:《第二次启蒙》,北京,北京大学出版社,2011。

往往与个人的升学晋级联系在一起。由于资源和利益有限,这些教育与考试激发的往往是人的个别理性与无序的竞争意识以及排他行为。这种意识与行为如果弥散于社会,将严重冲击社会规范与秩序,大大提升社会的运转成本。20世纪90年代传媒热炒孩子"不要输在起跑线上",推动的恶性竞争损害了青少年的健康成长,由此引发的社会达尔文主义思潮,至今负面影响仍然存在。我们认为,经济技术理性与契约交往理性是人的工具理性的两翼,缺一不可。所以,知识技能教育与社会伦理①教育必须并行;以中国的国情而言,现阶段的社会公共伦理教育更要大大加强,全面展开,深入推进。本研究以下还有专文具体述论,此处就暂不展开了。

第四节 文化建构:网络文化的生成及其走向的引领

如果说传统文化要转型,那么新兴文化就面临一个引领的问题。网络文化是与高科技信息时代相伴而生的新文化,从其生成过程来看,还是属于非主流文化,但是由于其巨大的传播功能与影响力,对于主流文化有着明显的反哺乃至"倒逼"作用,乃至对于主流社会的影响力也与日俱增。

一、互联网的作用不可小觑

今天,网络因其特定的功能有力地帮助我们党引领民众,推动社会的民主建设,把中国的改革大潮推向前进,一个开放的、透明的、和谐的现代良序社会的建设也大有希望,这样的社会将使"人类合作的扩展秩序"(哈耶克语)不断生成,这就是我们要建成的

---

① 社会伦理一般包括个人伦理与公共伦理,本研究侧重与强调的是其"公共"的一端。

21世纪的新中国,新世界!

二、网络"陌生人社会"呼唤现代媒介素养

以上的预测带有一定的理想性,理想的实现在于网络使用者的现代素养,在于人与网络良性互动中现代网络文化的构建。正是在这个意义上,我们说,网络社会呼唤具有以现代公共伦理素质为核心内容的现代媒介素养教育。这一教育应包含在一般的社会伦理教育之内,但也有其特点与针对性。

(一)现代媒介素养缺失及其后果

正从传统"熟人社会"进入现代"陌生人社会"的当代人,其伦理素养——主要是对现代社会公共伦理规范的认知、认同、遵奉与维护在上述意义上是较之知识技能更为重要的素养。因为在现代化的进程中,随着媒介工具的不断创新革命,人类的公共生活空间已经扩大到极致。因此,只有具备了相应的公共伦理素养的人,才能成为这个陌生人社会的合格公民,进而在使用网络等现代媒介工具时,恪守公共规范、维护公共秩序,从而有效保障自己与他人使用公共空间与公共设施的权利与自由;反之,在一个漠视公共规范、失去公共秩序的公共空间中,任何人的权利与自由都有可能受到侵害。由此,我们可以说,现代的媒介素养教育主要是相关知识技能与基本公共伦理规范认知、认同的教育;其核心内容则是人的公共理性的提升,也就是通过教育与大量的社会实践,传播体现现代文明与人伦关系的先进文化,逐步取代传统社会落后文化中的那些丛林规则、非理性行为。目前发生在传媒工具使用特别是网络使用中的大量问题,从深层次上看,大多都与相关的基本公共意识缺失与公共理性的低迷关联,当人们以传统社会中形成的种种陋习、价值观去面对现代文明的产物时,这种错位的后果可能是灾

难性的——对于本土文化中的公共意识十分稀缺的民族而言更是如此。尽管今日中国结束封建专制社会已有百年,但是近百年出于救亡与革命的需求,我们的教育明显偏重于知识技能的传授与理想信仰的灌输,基本上并未进行独立的、自成体系的社会公共意识、公共伦理的教育及其相应的实践指导。以至于当我们进入信息社会,现代传媒成了社会信息的传播与社会事实建构的主要工具、网络生存成为人们日常生活重要组成部分时,这种公共伦理教育缺失与公共理性低迷的弊端就从多方面反映出来了。

首先,现代传媒特别是网络本应成为现代人进行理性交往的最佳载体,然而却被一些缺乏公共理性、无视社会规范者滥用,成为其肆无忌惮地谋利纵欲的利器,导致网络犯罪、手机诈骗、渲染暴力与色情等恶性事件发生。

其次,网络本应成为公民积极参与、民意充分表达的有序的公共平台,然而却时不时地沦为传统大民主的混乱空间:小道消息、花边新闻、匿名谩骂……以至于极端情绪化的宣泄淹没了理性的立足之地,偏激、片面之词遮蔽了真正的民意表达;更有某些不负责任的猜测臆断乃至挑拨,往往会把公民的积极参与意识引向歧路,从而也会为某些有不正当企图的利益集团所利用。

再次,先进的传媒本应成为现代人文明工作、健康休闲的工具,成为交流信息、增长知识与提升能力的平台。然而,由于休闲理念的滞后与人之物性及感官享受的诱惑,传播者(授者)与被传播者(受者)互相迎合、双向异化,使现代传媒沦为一些人不健康心理与物性发泄的新平台,从而扩张了人性之恶的生存空间。

凡此种种充分显示,作为文明与科技进步之产物的现代媒介,必须要由具备现代媒介素养的人,也就是具有现代公共伦理意识责任与人文情怀者去掌握使用。如果沦为理性低迷、物性张扬者手中谋利纵欲的工具,那么这种错位必然产生上述后果。由此,现代媒介素养的教育,无论是对于当代中国和谐社会的建设而言,还是对于身处社会转型期的国民而言,其重要性与紧迫性已是不言而喻。

(二)媒介素养教育的重心及其深远意义

依据本研究实证调查的信息,我们认为:当今媒介素养教育的重心就是要通过系列的、多种形式的教育与自我教育,去摆脱种种消极的、阻碍人们确立互惠共生理念、提升社会公共理性的落后文化与心态的羁绊,才能在充满艰险的转型社会中让现代传媒工具发挥最优化的正面效应。其次,我们认为,有效的教育应当在不同的社会建设阶段体现不同的侧重点。以市场经济代替计划经济,无疑将大大激发人的竞争能力,促进社会资源的合理配置与不断积累。但是,这种竞争应当是有序的,绝不可陷入适者生存的社会达尔文主义泥沼。由此,在经济转轨、社会转型阶段以公共伦理教育为核心内容的本土化媒介素养教育的侧重点应该是:适时将人与生俱来的适者生存的低水平的个别生存理性,提升为互惠的、较高水平的群体共生理性。通俗的表达就是我们要适时将那种自在的只能"共患难"的低水平群体意识,提升为自觉的、能够"同富贵"的群体意愿——既要共享改革成果,也要同担社会建设与发展的责任,更具体地说,就是要走共同富裕之路,整体性改善民众的生存状态和提高其受教育程度,以制度保障社会的公正公平。在此基础上的现代素养教育,才可弥补当代人在运用公共媒介时的素质缺陷,从而在传播信息中,自觉维护公共秩序,积极提升公共理性,共同构建和谐社会。

最后,特别要指出的是媒介素养教育在现代信息社会中,实际上已成为一种大众教育,全民教育。媒介素养教育有助于提升国民素养的整体水平。中国特色的媒介素养教育以伦理素养为重心,而国民公共伦理素养的提升又正是社会建设的关键所在。由此,今日国民媒介素养教育的意义终将远远超越本来的预计,极有可能成为中国本土特色的提升国民公共伦理素质与公共精神的公民教育,这种不可逆转的公民教育将托起一个现代的公民社会。由此,才真正印证了"没有互联网,也就没有21世纪的新中国"的预言。

总而言之,对于旧文化的梳理批判以及新文化的建构生成,都是一项系统工程,都要有一个漫长的过程。为了避免"新瓶装旧药",就要切实地从人的理性提升、日常生活的改变、理念与思维方式的革新、教育目标的人本定位等方面做起,并坚持制度与机制的不断创新,逐步摆脱、超越不和谐的丛林文明,走向包容和谐的现代文明,走向人类真正的、自觉发展的科学时代①。

---

① [法]埃德加·莫兰:《迷失的范式:人性研究》,扉页,北京,北京大学出版社,1999。

第四章　素质与教育:从失重走向均衡
——转型期国民社会伦理教育紧迫性的认识与应对

本章是在前述一系列探讨的基础上,在一个更广阔的现实社会背景中,对未来国民素质和教育取向提出的较为系统、较具操作性的应对建议,即对国民进行切合中国社会实际、符合人性特点、有助于弥补国民素质历史缺陷的"社会伦理教育"。可以说这是目前有关本研究的基本答案。至此,本研究的下一个目标,或后继课题就是社会伦理教育的实验和追踪研究了。

在全球性的现代化进程中,各国国民社会教育的意义与作用日益凸显。然而,在当代中国,本应与学校教育、家庭教育并驾齐驱的社会伦理教育却由于种种原因而无所适从乃至明显失重。从多维的视角,在源头上探寻社会教育失重的成因及其后果,探讨可能的弥补对策与路径,从而提升国民应对风险的素质,推进和谐社会的建设,以确保正从传统向现代转型的中国社会"一路走好"。在具体的国民社会伦理教育实践中,首先要注重务实性的起步,这就是:面对社会冲突可能引发的风险,应加强社会共生的教育;面对高科技带来的风险,应进行人文关怀的教育;面对频发的自然灾害风险,应加强现代环保意识的教育。在这些教育中,应特别重视对正面教育有严重阻碍作用的陋习潜规加以清理切割。其次,在实施社会伦理教育的过程中,在内容上要注重渐进性、持续性,在形式上要注重多样化、日常化;在目标的实现中也要凸显兼容性,让有助于人类共生共荣的各种理念与行为产生"叠加"效应。再次,鉴于社会分工、分层的客观事实,对于社会精英的教育要求应高于社会大众,社会精英要真正成为社会之"师"。社会教育作为文化建设的重要组成部分,应当与新世纪以来的新农村建设、小城镇建设与城市现代社区建设相伴而行,从而实现刚柔相济——硬件建设与软件建设的配套。唯此,实现了国民素质的均衡发展,实现了各阶层"角色"素质的均衡发展,和谐社会的建构才有根本的保障。

说起教育,我们习惯于将其分为学校教育、家庭教育和社会教育。对于前两者的理解,界线明确、内涵清晰;而对于后者,则因包容性大,反而不易界定,社会各界好像都颇为关注,似乎也有众多的参与机构,但却分散而无序,缺乏明晰而系统的指向目标,甚至将其简化为某种知识教育或拔高为个人道德修养。这样,在向现代转型的社会中,极为重要的社会教育最重要的是社会伦理教育却给人以一种好像无处不在却又若显若隐、似有似无的感觉,而且事实上也处于可有可无的状态之中。这应引起我们的重视和反思。今天,社会伦理教育的失重已经产生了什么后果,原因何在,我们需要怎样的社会伦理教育,如何进行适应中国转型社会迫切需要的社会伦理教育,这是本部分试图探讨的一系列问题。

第一节 问题探讨的假设性分析框架

为了超越简单的因果性直线思维,努力以多维的关联性复杂思维探讨问题,本部分综合多学科的理论,以人为本,试图从人的"素质发展、日常生活、文化传承教育活动以及宗教信仰"的层次性和阶段性演进,以及这些层次性、阶段性演进之间——自身和相互的对应关系中,展开对国民社会伦理教育之意义、目标、实现路径和可整合吸纳资源的探讨。由于将问题置于多维的视角下,使我们能在张力中思索,肯定会有助于问题探讨的深广度。但是本部分的分析框架只是一种假设,还需要实践与经验的反复验证,所以不敢妄言建构理论体系,只是有此一说而已。

对于本部分提出的分析框架(见表4-1),解释如下。

表4-1 人的发展、教育、生活与宗教信仰的层次与关联

人 \ 阶段层次	初级阶段	中级阶段	高级阶段
素质发展	做人 (知道德)	做好人 (行道德)	做高尚的人 (尚道德)
文化传承—教育	知识技能教育 (生存教育)	社会伦理教育 (生活经验)	理想信仰教育 (存在教育)
日常生活	物质生活 (无人生活)	伦理生活 (人的生活)	精神生活 (全人生活)
宗教信仰	自然宗教 (盲目"信仰")	实用宗教 (工具"信仰")	自由宗教 (纯粹信仰)

首先,关于人的素质发展机制,我们早已有专文论述,① 这里不再赘述。本表所强调的是:如果以人的成长发展为分析问题的立足点,那么,文化传承—教育、日常生活、宗教信仰等是对人的成长发展起核心作用的要素,不同层次的要素决定着人的素质水平的不同层次,当然这种影响必定是双向互动的。这里先对表中的部

---

① 孙抱弘:《社会环境·接受图式·养成路径》,载人大复印资料《青少年导刊》,2002(2)。该文从对"素质"概念的厘定入手,运用场论、机制论、发生认识论、生命历程理论、行动分析理论、接受理论等对素质养成的过程特别是这一过程中诸结构要素的作用机制,进行了从内部到外部,从宏观、中观到微观,从静态到动态的多角度、多层面的梳理和解读。

分内容略加阐述。

从人的伦理道德素质的发展角度看，做人者可能只是知道德，只能被动地遵守各种社会规范，而做好人者才会自觉践行各种伦理规范，唯有高尚的人才会在做好人的基础上，追求德性修养。

从人的接受教育的层次看，接受知识技能教育主要是为解决生存问题，而接受了社会伦理教育的人，才可能"承认他者"并和谐地融入社会生活，只有有了信仰追求的人，经过自我完善，才会领悟人存在的意义。

从日常生活的水平看，物质生活满足的是人的各种感官需求，这是一切动物都有的满足而不是人特有的生活需求。换句话说，这种生活不是以人为本的；伦理生活使人和谐地与人相处，得到各种感情的满足，由此体现了人的特殊需求，这是一种以人为本的生活；精神生活体现了人的一种全面发展的追求，是人的生活的至高境界。

其次，从人类文明发展的进程来看，人的素质发展、受教育的水平、日常生活的状况和宗教信仰的层次都呈现了发展的阶段性，各个要素的同一发展阶段之间则存在着一定的关联性、对应性。也就是说，当个人接受了知识技能教育后，他实际上也就接受了生存的训练，就有能力立足于社会，有了物质生活的保证，能够"为人"了。不过，这只是人的素质发展的初级阶段，"造就"的是一个充满了物性的不完全的人。所以，个体还应当继续发展，只有当我们完成了社会教育——笔者认为：就现阶段中国的社会教育而言，此教育的重点在教人如何处理各种伦理关系特别是公共伦理关系，所以也可称其为"社会伦理教育"——提升了人际的交往理性和契约理性，能够正确处理人与人、人与社会、人与自然的关系时，我们才可能成为一个向善的好人，才能真正过上"人的生活"。同样,只有确立了理想信仰的人,才有真正的精神生活,才可能成为一个高尚的人。当然,理想信仰的教育应当提倡的是非工具性的尚善尚美的德性追求,是对无功利的人格境界的崇尚;由此,这一教育过程也必定是一种自我教育、自我完善的过程,这也是一个远离了"被"的过程。

最后,表4-1中将宗教分为三个层次,这是按照黑格尔的分法,其中自然宗教实为原始宗教,包括迷信、巫术,因此更多的是无知状态的盲目"信仰",这与表中处于初级阶段的教育要素并不存在对应性但仍可能有一定关联。本部分关注的是处于中间层次的实用宗教,这个层面上的宗教伦理体现了一种工具性的对人的日常生活和心灵安顿的关注和影响。当然,本部分并不是提倡大家都去信仰宗教;但是,在宗教伦理中这种让人向善的劝诫与社会伦理教育中教人"做好人",以及主张"人人为我,我为人人"的互利共存的工具理性,无疑有异曲同工之处,由此便可能成为国民社会教育中吸纳整合的宝贵的非物质资源。至于宗教伦理精神中还有更高层次的、无功利的、价值性的、劝人向善的追求,其与理想信仰教育中的德性追求也有相通之处,这对主流的理想教育也应是一种有益的补充。

第二节　面对失衡的国民素质:社会教育的紧迫性和必要性

一、今天的国民教育缺失了什么?

在社会转型期,人们在关注社会经济与政治发展问题的同时,也越来越关注国民素质的问题了。具体地说,就是人们既不得不承认又困惑于以下现象:"信仰失落、道德滑坡、伦理失范、行为失检"是如此普遍,高等学府发生刑案,一些政府高官纷纷落马,有的人连道德的底线亦已放弃。人们开始追问:一个五千年的文明礼仪之邦、一个理想信仰教育的投资大国,何以如此?与此同时,无论是西方传来的基督教,还是已经本土化的佛教,其信徒与日俱增,其传播范围、影响程度也日甚一日,信徒们对自身行为的自觉约束、对宗教化伦理的虔诚敬畏,也是有目共睹的事实。一时间,宗教信徒成了坚守社会道德底线的中坚力量。面对这些现象与追问,我们必须做出解答。

以上问题产生的原因是复杂的、综合的,不过从教育的角度去看,或许能窥见问题产生的重要原因。

人类的教育活动发展至今,大致可分为三个层次:第一是解决人的生存需求的知识技能教育,第二是提升人的交往理性和自觉遵奉伦理规范的社会教育,第三是提供人的精神寄托、德性追求之需的理想信仰教育(更确切地说是"传播"与"接受")。

那些在转型期发生的诸如"伤熊事件""马加爵凶杀案""毒奶粉案"以及"倒钩事件""躲猫猫案""范跑跑新闻"等个案,还有大量的类似事件,如果追究其原因,往高处说是因涉案人员"信仰失落、德性低迷"而产生;往低处看,则无不是由于丧失理性、毫无社会责任感与职业精神而造成。如果从教育目标追求和文化传承职责的立场加以分析,则是由于上述社会教育的缺失,以致任由传统社会落后文化中的"丛林规则""潜规则"泛滥肆虐而形成。如若进一步追问其产生的历史缘由,显而易见,这是由于近代以来,出于经济技术发展和社会革命推进的紧迫需要,我们特别重视知识技能的学习教育和理想信仰的宣传灌输,而冷落甚至否定了社会教育。使用思想史研究者的话语就是:救亡压倒了启蒙,乃至用革命取代了启蒙。由此,尽管在近百年的历史长河中,不少有识之士为各种类型的社会教育呼吁呐喊,但很快就归于沉寂了。在相当一段时期里,理想教育也的确是完全取代了社会教育,以至于把一切的人际关系完全简化为阶级关系。

不过在中国近代史上特别有意味的是,宗教伦理中具有宽容、妥协与合作内涵的理念,却在日常的社会生活中得以无声地传播,悄然发挥着约束人性之恶的作用,在相当程度上填补了社会教育的缺失,在实际上满足了人们日常伦理生活的需求。今天,我们主张加强社会教育,应该肯定一些伦理主张的合理性,并与之形成互补的关系。当然,如果我们漠视或放弃社会教育对于当代伦理生活的指导,那么各种宗教伦理可能迟早会填补这一生活领域的所有空白点。

最后,我们强调转型期社会教育的紧迫性还有一个重要的时代性考量,这就是人们应如何面对和处理社会公共事件的问题。就当代国民的整体素质而言,这是一个明显的缺项,存在着弥补的必要性。

转型期的社会充满着各种风险,面对突发性的社会事件,如果当事的各个方面都不知所措,任由情绪化对抗的发展,就可能使小事端变成大动荡。而在日常的社会职业活动中,缺乏社会教育的人们,往往毫无公共意识,习惯于用私人立场、情感去处理公共关系与公共利益分配问题,以至于在一些事关公共安全的工作岗位上职业精神沦丧、恣意妄为,进而人为引发各类灾害,破坏环境乃至危及他人生命。这些状况无疑都呼唤着一个独立于知识技能与理想信仰的、自成系统、基础理论和行为指导相配套的国民社会教育。

二、我们需要怎样的社会教育？

本章定义的社会教育，基本等同于现代教育学"大教育"的概念，其内涵则略为丰富，[①]这就是：一切文化传承、建设和现实社会生活影响于人的身心发展的教育。社会教育的目的，不仅指人才的培养，还包括群体的教化和个体良好心态的养成。当然，在不同的文化背景和不同的社会发展阶段，社会教育的意义与内容必定存在着明显的差异，其侧重点也各不相同。

我们在这里所说的转型期的国民社会教育，主要是指：在中国社会从传统向现代转型的过程中，在中国特色的现代社会——和谐社会的建设中，对于现阶段的社会教育的定位，应该是在实现人的全面发展为理想性大目标的前提下，考虑目标实现的阶段性、可能性，特别是面对转型期的社会风险，更要注重务实性的社会教育，要在历史文化传承与现实社会建设的交汇点上，根据人的理性的发展规律，通过日常生活与社会实践活动来进行有针对性的、渐进的、自下而上与自上而下相结合的社会教化，推进全社会成员养成适应现代公共社会生活的良好心态和基本伦理素质，推进现代和谐社会建设。应当指出，上述的社会教育内容，在当下的各类教育活动中，呈现为一种"碎片化"和"空转化"的状态，也仅散见于知识技能和理想信仰教育之中，尚未自成体系，也没有核心理念的支撑，更未达到可上承理想信仰教育、下接知识技能教育、相对独立的教育层次。所以，全面推进系统而独立的社会教育显得紧迫且有待起步。

[①] 侯怀银等：《"社会教育"解读》，载《教育学报》，2007(4)；张少军等：《社会教育的实践方式研究》，载《外国教育研究》，2006(12)。本部分在对以上文章的摘引、解读中，在本部分所下的定义里加进了"文化传承建设"以突出定义的历史纵深感，同时呼应文中的相关讨论。

三、社会教育与理想教育的区分与关联

从最通俗的意义上说,中国社会转型期之社会教育最实际的目标就是确立正确面对日常公共伦理关系的态度与行为取向。这样的教育,在公共生活缺乏的传统社会中显得可有可无,而进入公共生活领域空前扩张的转型社会,则是一天都不可或缺的了。

这里特别要说明的是:强化凸显社会教育的意义与地位,不是要取代或淡化理想信仰教育,而是要更有效地进行理想信仰教育。

为此,我们很有必要分析本章所定义的社会教育与现行理想教育的区别与联系。首先,区别一:就日常生活的层次性而言,如果将人类日常生活分为物质生活、伦理生活和精神生活三个层面(见表4-1),那么,社会教育主要是解决如何面对伦理生活的问题,而理想教育更多的是思考精神生活的问题。伦理生活面对的主要是人与人、人与社会、人与自然的关系处理原则与规范维护,而在转型社会中,由于社会公共空间的快速扩张,社会教育的重心更多地偏向日常公共生活中的伦理问题。其次,区别二:就人的成长与发展的阶段性而言,如果将人发展的层次分为"做人,做好人,做高尚的人"(见表4-1),那么社会教育要解决的主要是"如何从做人提升到做好人",而理想教育自然是希望或要求人们成为"高尚的人"。

最后,两个教育的紧密关联:日常生活的三个层面与人的发展的三个层次紧密相连。我们今天加强社会教育,不仅是为了提升国民的素质和理性,转变滞后的习惯、价值观与心态,以安度社会与自然风险,更是为了丰富人的精神生活,提升人的德性,使更多的人有可能成为高尚的人。从这个意义上说,社会教育是在为理想教育打基础,使理想教育得以更扎实、更有效地开展。如果缺少

了这样的铺垫,失去了必要的台阶,理想教育极可能踏空,甚至走向反面——实际上已经或正在走向反面(见前文)。所以,社会教育是理想教育的必要前提,理想教育是社会教育的自然延伸;离开了社会教育的理想教育将成为空中楼阁,而失去了与理想教育联系的社会教育有可能迷失方向。

第三节 面对风险社会:社会教育的务实性起步

转型期的社会风险、失衡的国民素质和失重的国民教育,这三者的叠加将大大加重社会转型的成本,摆脱这一困境的途径之一,就是认清风险来源,实现社会教育的务实性起步和优化实施路径。

一、中国转型社会的风险

现代社会或正在从传统向现代转型的社会,往往被称为"风险社会"。这主要是因为较之传统社会,转型社会的公共空间日益扩展——高科技的网络技术更使其呈几何级数扩展,由此人与人、人与社会、人与自然的交往、接触无限扩大,并且充满着不确定性,这种不确定性往往潜伏着种种风险。如果不把可能的外来侵略估算在内,当代中国转型社会的风险主要来自三个方向:

第一,社会冲突引发的风险。转型期由于社会结构的变动,原来的社会利益格局亦随之变化以至失衡,进而因为社会建设欠账和社会政策的不到位,而产生社会冲突,引发风险。这些风险由于现代传媒工具的推波助澜往往极易从局部迅速扩展至全局。

第二,高科技带来的风险。任何一项高科技的成果都可能是一把双刃剑。这是因为人类在进行任何科技开发之时,大多出于良好的愿望而追求其正功能,而忽视或无视其负功能,从核物理研究到网络开发等无一例外。这也就给人类带来了风险,更因为种种利益的驱使与不负责任的运用,这些高科技引发的风险具有潜在性与突发性。特别是当其与其他风险纠缠并发时,其危害之烈度将成倍增长。

第三,自然灾害造成的风险。这是伴随人类社会始终的风险,不过在科学主义和人类中心主义猖獗的当代,由于人类对自然的过度索取和对生态的严重破坏而使得灾害频发。这种灾害的风险,会在有无相应社会教育、国民素质高低不同的国家中引发不同的后果。这在近年同样发生地震的拉美国家海地和智利就得到了印证,而日本的大地震更凸显了这一问题。

二、社会教育的务实性定位

面对转型社会风险的国民社会教育,应该以构建和谐的社会生态这一目标来定位。也就是说要减少和安度风险,关键在于构建一个和谐的或者说是互惠共生的社会生态,而构建这一社会生态的前提和基础,就是通过一系列具有针对性的教育与实践,形成互惠共生的共识。这从人的发展的角度讲,就是要通过社会教育与社会实践,逐步提升人的理性,将人们生而俱有的求生存发展的个人理性,提升为求群体互惠共生、和谐发展的公共理性。如果用传统的思想道德建设话语来表述的话,这应该是一种肯定独立人格意识与追求基础之上的新集体主义。

国民的社会教育是面对全体的大众教育,这就决定了其务实的特点。由此,也决定了其本土化的出发点;就现阶段而言,应从两方面展开,概括地说就是:清理地基去牵挂,打好基础定重心。

"清理地基去牵挂"是指社会教育的定位是否务实,无疑还要考虑到教育所面对的特定对象。应当认识到,我们面对的教育对象,并非一张张"白纸",也不是一个个生活在理想社会中的无牵无挂之人,而是一个个活生生的、置身于日常生活、有历史文化承载、有现实社会联系的有牵挂之人。由此,我们的社会教育必定要对这些牵挂做出"要"与"不要"、为何"不要"、如何"不要"的回答。这也就是说,要通过系列的、多种形式的教育,去摆脱种种消极的、阻碍国民确立互惠共生理念、提升社会公共理性的落后文化与心态的羁绊,我们才能在充满风险的转型社会中"一路走好"。

与此同时,我们还应看到,随着改革的深入,那些落后文化与心态之牵挂的负面影响将不断增长,进而会大大地加重改革的成本,恶化社会生态,以致各类风险被人为"放大"。为此,梳理、评判与切割落后文化与心态,提升人的公共理性,增强互惠共生的自觉意识,推动和谐社会建设的社会教育,应尽早尽快地推展。唯此,才能放下那些阻碍我们深入改革的人治意识、臣民心态以及在日常生活中已积淀为集体无意识的陋习、潜规则等"牵挂",从而"轻装上阵"。

综上所述,以"去牵挂、清地基"为前提,整体提升国民公共理性与素质应是当今社会教育的基本定位。

"打好基础定重心"是指有效的社会教育,在不同的社会建设阶段应体现不同的侧重点。以市场经济代替计划经济,无疑将大大激发人的竞争能力,促进社会资源的合理配置与不断积累。但是这种竞争应当是有序的,更不可陷入适者生存的社会达尔文主义泥淖。由此,社会教育在经济转轨、社会转型阶段的侧重点应该是:适时将人——国民与生俱来的适者生存的低水平的个别生存理性,提升为互惠的、较高水平的群体共生理性。通俗的表达就是:我们要适时将那种自在的只能"共患难"的低水平群体意识,提升为自觉的、能够"同富贵"的群体意愿——既要共享改革成果,也要同担社会建设与发展的责任。以此为侧重点的社会教育,才可平衡社会利益,改善社会生态,共建和谐社会。

第一,面对社会冲突的风险,进行社会共生教育。首先,反思与梳理文化传统:对于现实生活中种种不利于人们和谐相处、互惠共生的理念、心态乃至集体无意识,要通过教育和自我教育,以进步的代替落后的。其次,要改善社会生态,坚持社会和谐的立场,对以往误解、误读的一些社会理念进行正确的解释或者重新认识,这些理念是:改良、渐进、让步、妥协、和解等,要辅之以中外历史的个案加以深层次的解读和教育。这样的社会教育,才有可能使社会的各个人群、各个利益体尽管存在差异乃至矛盾,但都有容忍之心、尊重之意,并能互留余地以求共生、共荣、共赢。这应是我们安度转型期社会风险的最佳路径,也是当下社会教育的核心目标之一。

第二,面对高科技的风险,进行人文关怀的教育。社会教育应帮助国民以人文关怀的立场去认识和面对与高科技相伴相生的高风险,防止片面地认识与发展科技,摆正工具理性与价值理性的关系,摆正科技发展和人类安全的位置,强化现代公共意识,遵奉防范风险的各种公共规范,高科技高风险行业的从业者更应有执着的职业精神与职业规范意识。

第三,面对频发的自然灾害风险,加强地球环保意识教育。地球村日益拥挤,作为地球人都应有高度的环保意识。同时,要更新传统意义上的环境卫生理念,比如把自觉基础上的"不扔垃圾"转变为"分类处理垃圾"等。从而在科学、理性的层面上处理好人与自然的关系,自觉地维护好我们的地球、我们的家园。

三、社会教育路径的思考

当下的社会教育应在吸纳以往经验教训的基础上,拓展时空效应,注重日常绩效。由此,本部分对教育的实施大致有以下一些思考。

第一,内容上注重渐进性、持续性。渐进性是指教育内容要确定低起点,从"不要"再到"要",从相对消极的"不做……"开始逐步走向相对积极的"要做……"。概括一句话就是:先清理地基、打好基础,再建设大厦。持续性是指教育不靠轰轰烈烈的运动式的"大呼隆",尊重文化变革的自身特点,遵循观念转变的韧性规律,重在坚持不懈的小步子教化,重在社会生态改善过程中的自我教育、自我完善。

第二,形式上注重多样化、日常化。当今社会教育的多样化立足于信息时代的传媒工具及传播形式的多样化,这种多样化有助于获得最佳的教育效果。诸如电视讨论、电台对话以及网络交流等形式,生动活泼,引人入胜,特别是这类参与式的大讨论是对以往传统的教育形式的冲击与超越,无疑应成为未来社会教育的重要形式乃至主要形式。不过,目前这类传播形式似乎仅用于应景式或热点式讨论。我们所要进行的社会教育,因其内容的深广度、系统性和专题性,就决定了在运用这些工具与方式开展社会教育方面还有很多开拓性的工作要做。

转型期的社会教育因其对象的大众化,决定了其方法乃至内容的日常生活化。除了以上的对话讨论形式,还应运用多种艺术手段,尽可能做到教育艺术化、艺术教育化,将社会教育的理念化入一些艺术形式、化入细微的艺术情节。比如清口相声这一类新兴的民众喜闻乐见的文艺形式,无疑是此类内容的一种载体,社会教育的日常生活化可以充分运用此类载体。

第三,教育目标追求的兼容性。当下的社会教育实质上是现代社会生活态度与现代公共伦理生活规范的教育,基本不属于精神生活指导,也非理想信仰教育。其务实性特点在伦理生活层面与宗教伦理文化有不少对应之处,而在较深层次的向善层面也有相合之处。现有的不少实证调查也证明大多数宗教信徒的信教水平还停留在生活态度层面,尚未达到精神信仰层面。所以,客观上在日常生活提升人的理性方面存在着实际的互补功能。然而,由于封闭的文化传统中长期积淀的排外心理和"恐教"心态,加之极少数传教士及其机构以传教之名对中国政治的干涉而留下的历史"阴影",这种显在的互补功能并未产生"叠加"效应,有时候甚至处于抵消状态。

作为社会教育的宝贵资源和潜在的互补功能,如何使资源能尽其用,我们应该展开更深层次的理论探讨与更高级别的政策协调。本部分认为,至少在社会共生、人与自然共生等意识理念与行为指导上,还是有可能实现思想资源整合与互补功能发挥的,进而让这些有普世价值的人类文明成果为不同信仰者所共享。从更深层次上说,这种共享将更有益于社会和谐。

第四节 实施社会教育的若干可操作性建议

在探讨了转型期国民社会教育的背景、目标与路径之后,我们就社会教育面对不同群体的推展,提出几点可操作性的建议以及需要进一步深入研究的问题。

一、关于大众的社会教育

进行大众化的社会教育就是为了逐步地整体性提升大众的理性水平,提升遵奉应对社会与自然风险的社会公共规范的自觉性。具体地说,就是要在日常生活的理性化需要与大众的合理性需求的结合点上,进行应知、应戒的教育与自我教育。所谓应知,就是运用多种传媒手段,传播进步文化的价值观与社会心态。更具体地说,就是一方面传播健康的、进步的日常生活态度,一方面养成和谐、共生、共荣的理性心态。前者可以依据关于日常生活研究的成果以及社会学关于生活质量的理论见解,加以通俗化、个案化的处理与传播;后者则可以依据胡守钧教授"社会共生论"[①]的一系列研究内容进行通俗化的改编与传播。其他关于应对自然灾害和高科技风险的知识,也可以通过通俗读本以及多样化的方式加以传播。

所谓应戒,是指那些应当戒除的、阻碍和谐社会建设、恶化社会与自然生态的价值观、心态和陋习乃至潜规则。要推动进步的文化建设,就要从否定、告别滞后的文化心态、价值观做起,这应成为大众的共识与自觉的文化取向。这方面的实际操作,可以从几个方面展开。第一,落后文化有其共性,所以我们作为发展中国家可以适当学习引进其他发展中国家的一些做法,比如秘鲁的"发展十诫",以及墨西哥、巴西等拉美国家的一些做法。第二,由于受两千年的封建专制影响,中国的文化传统中也有自身的滞后成份,在这方面我们可以在王学泰[②]等学者的研究成果中,加以提炼并做通

---

① 胡守钧系复旦大学教授,主要研究方向为发展社会学与中国古代思想史。主要著作有《走出轮回》《走向共生》,其在最新著作《社会共生论》中提出:社会由各个层面的共生系统所组成,和谐共生是在合理的度内分享资源,社会进步就在于改善人的共生关系。胡教授的这些思想应成为社会教育的重要内容。

② 王学泰系中国社会科学院文学所研究员,长期关注文学史与文化史的交叉研究,系中国大陆最早系统研究游民文化对中国社会影响的学者,70万字的《游民文化与中国社会》(2007年版)是其研究的集大成之作。李慎之先生认为其研究意义在于"发现另一个中国",这一研究将对中国社会的改造与进步产生影响。王学泰对《三国》《水浒》及其人物的批判引起了不小的反响。刘再复、孙绍振等著名学者都在近两年著文深入评判了这些古典作品的文化内涵。这些学者的研究成果都可吸纳为社会教育的内容,有助于我们对游民文化的深入批判与切割。

俗化处理,通过讨论、对话逐步梳理、批判和切割那些反文明、反理性、反社会的心态、潜规则和陋习,并以"应戒"的形式诉诸大众。第三,在中国百年近代化、现代化的进程中,有不少属于启蒙式"应戒",劝人向善、向美、破除陋习的民歌、民谣,也有不少曾经取得相当成效的社会教育理论思考和实践模式,由于民族救亡的冲击与政权的更迭,这些"遗产"处于休眠状态,作为宝贵的文化资源,似乎还有重新整理并加以系统化处理和科学转型的价值。

如前所述,鉴于各大宗教在民众中实际存在的现状,我们认为还是要超越对宗教的各种片面认识、极端思维,以发挥正传正信之宗教引人向善的正面功能,以及与我们要进行的社会教育的互补功能。为此,我们建议通过一定的实践摸索,普及对宗教的正确认知,增加与社会伦理教育相通的基本普世伦理价值的了解,让社会教育与宗教教义关于日常伦理生活正确态度的传播效应得到叠加,甚至还可缓解乃至消除由于各种历史原因而造成的对立情绪和紧张关系。这个教育对于那些自认为信仰宗教但其水平还停留在初级阶段的群体而言,尤为必要,有助于防止其因盲目性而引发狂热性,防止违背宗教伦理精神根本宗旨的行为发生。

二、关于精英的社会教育

任何时代,社会教育的核心对象都是社会精英——尽管其边界会有变化。中国传统文化中"以吏为师"的影响一直绵延至今,所以对这部分群体的教育成功与否在相当程度上决定着教育的成败,也决定着社会发展的方向。本部分认为现代社会的精英群体,就政治身份而言,至少应当包括各级党政干部、各级党代会和人大代表、政协代表和民主党派干部;就职业身份而言,应包含各级司法执法者、律师、教师、新闻、科技及医务从业人员、企业家等;就教育程度与职称而言,则包括大专学历以上、技术员以上的知识分子。以应知、应戒为主要内容的社会教育,应当是"紧扣社会主义核心价值观,传播新知、告别旧知,建设先进文化、切割落后文化"的过程。作为社会精英,一方面在社会转型期应当更自觉、更系统、更深入、更持久地经历这样的过程,真正成为全社会之"师";另一方面,对于这一群体而言更要强化社会责任与社会担当的教育,真正具备"角色"素质,使之成为真正的社会栋梁和民族的脊梁。开展这样务实的直面问题的社会教育或许能使我们超越因定位过高而日渐空洞化、空转式的种种理想教育的窘境,在一个新的更现实且牢靠的立足点上转变社会文化心态,稳步提升国民的现代素质。

三、作为文化建设重要组成部分的社会教育

转型期的社会教育,从根本上说是当代中国建设新文化、告别旧文化的历史进程的主要组成部分,不仅是为了传"新知",更是为了育"新人"。这样的社会工程无疑应当"整体推进",应当融于日常生活的时时处处,贯穿工作学习的方方面面,从外供变为内需,从自在变为自觉,应当与"四个建设"齐头并进、互相呼应,也应当与新世纪以来的新农村建设、小城镇建设和大城市现代社区建设相伴而行、刚柔相济。鉴于"四个建设"归根到底都离不开人,离不开国民素质的实际水平,也就是离不开以提升国民素质为宗旨的国民教育,所以,随着刚性的各类硬件建设的深入推展,柔性的人

的素质的发展问题也日益凸显。本研究只是在这方面做了一些投石问路性的初步探讨,更深入的理论探讨、更切实的社会实验还需我们以更饱满的精力、更持久的努力去不懈地进行。

中篇　调查与分析篇

中篇 调查与分析篇

第五章 日常生活中非主流文化对国民素质影响的实证研究

本书以问题研究为主,在上编中,我们反思了乌托邦理想主义的历史性涨落,分析了日常生活中非主流文化对国民的影响及其原因,探讨了当下对国民进行社会教育的必要性与紧迫性,进而试图揭示这些问题的相互关联性。不过,对以上问题的反思、分析与探讨均属于质性研究,都具有假设性,如能辅之以实证性的研究,则将使问题的讨论更贴近现实、更具说服力。同时,也可使问题解决的路径更具现实性与针对性。为此,经过七年(2007—2013)努力,在国家社科基金与上海社科院课题配套的支持下,在天津社科院、武汉大学、华东师范大学关颖、佘双好、余玉花等教授的支持帮助下,在沙莲香、邓伟志、李德顺等著名教授的关心指导下,经过以笔者为首的全体课题组成员的共同努力,终于完成了针对上述问题的实证研究报告。鉴于报告全文冗长,本书只选取了其中精华的部分,单独作为"中篇"来叙述。

本报告概述了实证研究的方法、研究结果、主要问题讨论及相关对策建议。就研究方法上,本研究采用分层随机抽样法,在上海、武汉和天津三地抽取有效样本2117人,含教师、公务员、白领、蓝领和学生五类群体,以调查问卷方式进行数据收集。就研究结果而言,主要有三个方面:其一,国民在非主流文化影响下的生活状况,包括宗教文化、游民文化和网络文化。结果显示:三种非主流文化均对国民生活产生影响,尤其游民文化和网络文化的影响相对更为广泛。其二,国民素质状况,包括身体素质、心理素质和社会文化素质(文化素质、思想素质、道德素质和能力素质)。结果显示:国民的身体素质、心理素质、文化素质相对较好,而思想素质、道德素质和能力素质等方面存在诸多需要改善的地方。且地区、职业、受教育水平、年龄、性别等因素影响着国民素质状况。其三,非主流文化对国民素质的影响。结果显示:(1)宗教文化对国民素质影响轻微,宗教信仰者的国民素质并不优于非宗教信仰者。(2)游民文化对国民素质的影响较广泛,受游民文化影响深的个体,其反社会性、主动进击性、帮派意识、反文明性等较强烈,而自控性、文明礼仪程度及社会参与性均较低;但值得注意的是,受游民文化(主要是游侠文化)影响深的个体具有较强的"助人行善"倾向。(3)网络文化对国民素质总体上具有积极影响,诸如:网民的进取心比非网民略强;网民的社会公德心比非网民高;网民的政治素质比非网民高。但也要看到网络不良信息对国民素质的消极影响。特别是网络文化作为一种新兴文化,其对国民深刻而持久的影响还有待于长期进行实证研究并进一步论证。最后,报告讨论了国民素质发展的不平衡问题以及不同的非主流文化对国民素质的影响差异,并提出"向下看""向内看""向四周看"和"向远看"等社会性教育思路与策略。

20世纪80年代以来,随着改革开放,中国进入快速发展时期,至2010年国民生产总值已达世界第二,人均国民总收入在不断提高,整个社会正经历从农业社会向工业社会的现代化转型时期,城市化、网络化、全球化等强烈冲击着国民的日常生活,国民素质在不断发展的同时也受到挑战与质疑。国民的生长发育、营养状况、预期寿命、卫生服务以及社会福利在不断改善;但与此同时,人格偏差、道德沦落、伦理崩塌、信仰失落等问题也日益突显。关于提升国民素质的探讨成为当下新的热点与焦点。其根本原因在于国民素质是实现现代化、促进国家和社会可持续发展的重要保证。

瑞士洛桑国际管理发展学院(IMD)的世界竞争力发展报告研究结果显示,国民素质与国际竞争力的相关系数在0.9以上,国家之间的竞争已从原来的产品竞争、加工竞争和结构竞争转向国民素质的竞争。在国民素质的几个领域中,中国的人口特征以及就业两项从1994年以来一直保持着排名第一的优势,而在劳动力、失业、生活质量、态度与价值、教育结构等方面却排名极低,均在30名以后,这使得中国在国民素质上的总排名靠后。因此,当代中国社会要获得长足、快速的发展,要实现现代化,就必须从提高国民的素质入手。国民素质不仅是个人立身的基石,更是国家富强的基础。

国民素质的提升绝非一朝一夕,但又恰恰立足在朝朝暮暮的日常生活中。如前文所述,国民素质是在物质生活、伦理生活、文化生活、精神生活、理想生活的共建中发展与生成的,是主流文化和非主流文化共同作用的整合产物。本篇旨在通过实证调研的方法,力图较全面地描绘当前国民的综合素质、非主流文化生存状态,进而分析日常生活中非主流文化对国民素质的影响,并进一步思考提升国民素质的社会性教育策略与途径。

第一节 研究方法的说明

一、术语界定

(一)非主流文化

所谓"非主流文化"是相对于主流文化而言的。在一定的时代、一定的范围内,在社会基础和非主流文化上层建筑领域中形成占主导地位的文化,如政治、经济、哲学、法律、科学技术、文学艺术等是主流文化,都具有"官方"色彩,都以独立的学科存在。除此之外,还有另一种文化,存在于社会生活之中,具有"民间"色彩,通常不以书面形式展现,诸如婚姻、家庭、风俗、习惯等,就是非主流文化。日常生活中的"非主流文化",是社会文化变迁在日常生活中的折射。这种社会文化折射体现了如下三个特征:其一,来源的自发性;其二,作用的非强制性;其三,发展的复杂性。

在本研究中,我们将"非主流文化"主要界定在三个层面:

其一,宗教文化。宗教是非主流文化的重要组成部分。尽管宗教信仰基本被摈除于当下的学校教育之外,属于"5+2"中"2"的范畴,但由于宗教在社会生活中的影响日益彰显,发挥宗教的积极作用有助于将"5+2"之和正向放大。宗教是社会教育力量的重要组成部分。虽然今天人们对此并未给予足够的重视和认同,但随着我国信教人数的不断增多,宗教参与社会建设的力量增强,如何充分发挥宗教对国民伦理生活的正面影响以及对其作为社会教育资源可能性的探讨已然势在必行。

其二,游民文化。游民是中国传统社会中被抛出士、农、工、商等四种主要社会群体之外的边缘人。他们脱离了由儒释道主导的传统宗法社会秩序,没有固定的居所,非士、非农、非工、非商而无固定职业,更没有稳定的收入来源,游荡在外。和主流社会的人们不同,游民与他人、与社会的业缘、地缘与血缘联结十分薄弱。因此,他们一般用非主流的方式独立地面对他人与社会,亦因此形成了不同于主流文化的游民文化。王学泰先生总结出游民文化的四个基本特征:第一,对现有的社会秩序不满并进行激烈挑战,充满反社会性;第二,倡导主动进击的精神,不顾长远,追逐眼前的利益;第三,注重帮派利益,不论是非;第四,游民文化具有显著的反文明特点(详见分报告一)。游民的上述文化特质经由千年的流变和传承,成为影响中国社会的一种重要亚文化。相关资料显示,游民文化可能仍然广泛地存在于当前社会,并影响着民众的价值观念与行为方式。因此,在思考国民素质议题时,有必要思索作为非主流文化的游民文化对于当前国人生活与素质的影响。

其三,网络文化。我国已进入互联网时代。《第30次中国互联网络发展状况统计报告》显示,截至2012年6月底,中国网民数量达到5.38亿。我国的网民数、宽带网民数及国家CN域名数三项指标稳居世界排名第一。互联网对社会现实生活产生了重大的影响,互联网为网民提供了一个平等而开放的信息交流平台。互联网对个人的价值观念、心理素质、兴趣爱好、知识结构、行为方式、生活习惯乃至社会结构等都会产生影响。而且,互联网的发展使社会群体的权力结构发生变化,缓解了由知识和信息的不平等产生社会分层与分化,从而影响社会结构的矛盾。网络文化,可以说是现代社会的产物,是工业化、市场化、民主化、城市化的产物,更是一种互动性的产物,因而其也是中国网民共同构建的文化平台。网络文化生活不仅是借助现代通信技术的虚拟生活,而且是国民真实生活的一部分,是国民素质的重要反映。因此,有必要对它进行深入研究与探讨。

(二)国民素质

国民素质是一个综合的概念,对于它的界定,目前学术界提出了许多观点,归纳起来,主要有五种代表性观点:第一种观点,从国民具备的条件或要素方面进行界定,认为国民素质是人在先天遗传的基础上,经过后天的活动而形成的主体活动的自身条件。第二种观点,从国民具有的品质或修养方面进行界定,认为素质是国民在先天禀赋的基础上,通过教育、环境影响所获得的稳定的、长期发挥作用的品质结构。第三种观点,从国民具有的特质方面进行界定,认为国民素质是由人具有的特质所规定的活动能力及其状态。第四种观点,从国民的整体水平方面进行界定,认为国民素质是一个国家的人民在改造自然和社会全过程中所具有的体魄、智力、思想道德的总体水平。第五种观点,从国民的综合质量方面进行界定,认为国民素质是指一国国民先天遗传和后天教育相互作用而形成的综合质量。

本研究中,根据马克思提出的人具有自然属性、社会属性和精神属性的人性系统结构,把国民素质结构分为身体素质、心理素质和社会文化素质。其中,身体素质是整体素质结构的物质载体,它规定着国民整体素质潜在开发性的自然限度;心理素质是国民在现有社会文化环境中得以实现的精神健康,在整体素质结构中具有独特的地位;社会文化素质则包括文化素质、思想素质、道德素质和能力素质,是以人的生理组织为载体,并在社会实践活动中经过心理内化后而形成的社会文化素养。值得注意的是,以上三个层次的素质分别属于国民素质结构的不同要素和层面,各有独特的内涵,它们相互作用、相互渗透、协同整合,共同构成了国民素质的完整因素。

二、抽样

(一)方法

在上海、武汉、天津三地分别抽取学生(初中生、高中生、大学生)、教师、公务员、白领和蓝领五类人群各 750 人。考虑每一人群年级、职称或职位、地域等因素以兼顾样本代表性(具体见表 5-1)。

表 5-1 上海、武汉、天津三地抽样要求

学生 (300人)	教师 (150人)	公务员 (100人)	白领 (100人)	蓝领 (100人)
●初二100人（重点、非重点各50人） ●高二100人（重点、非重点各50人） ●大二100人（文、理科各50人）	●初中50人（初级职称30人，中级职称以上20人） ●高中50人（初级职称30人，中级职称以上20人） ●大学50人（讲师30人，副教授以上20人）	●科级及以下60人 ●处级及以上40人	●普通职员60人 ●中层及以上40人	●中心城区（交通相对便利、城市化程度较好）50人 ●郊区（住区偏僻、交通不便）50人

之所以选择这五类人群，原因如下：

其一，以"学生"与"在职者"为样本主体，将涵盖12~64岁人群，该人群约占整体人口的80%以上（以人口普查数据推算），他们是社会生活的生力军与主力军，他们既是社会文化的主要消费人群，也是核心建设者，他们的生活方式与素质水平代表了我国国民生活与素质的绝大多数。

其二，"学生"群体由中学生和大学生组成，他们正处在价值观形成与发展的重要时期，也是主要的受教育群体。他们的素质状况不仅反映了社会性教育的质量，而且对国家未来的人力资源具有预测性意义。

其三，"在职人群"主要来自政府机关、事业单位和企业的公务员、教师、白领和蓝领四类群体。其中（1）"公务员"是公共事务的管理与服务群体，是国家各级政府职能的直接执行者，或者就是政府的形象代言人，他们的素质直接影响着政府职能的实现，影响到

国民所接受到的主流信息。因此,在国民素质建设中,公务员任重道远,是一个非常关键的群体。(2)"教师"是实施学校教育的主体,是灵魂的工程师,他们的素质状况直接影响着受教育者。因此,教师是一个非常重要的受访群体。(3)"白领"和"蓝领"分别是企业中两个主要的组成群体,前者主要包括"学历大专以上、收入3 500元以上、从事非体力劳动"的企业或公司员工;后者主要指"从事技术含量低、收入低、社会威望低等低端工作"的企业或公司员工(含个体经营者),包括体力劳动者、操作工或小商小贩,这个群体往往以外来务工人员为主体,在以下的报告中,有时也称之为"农民工"与"外来务工人员"。

(二)有效样本

有效样本总数为2 117人,有效率为94.1%。上海、武汉和天津三地的有效样本数分别是738人(占34.9%)、629人(占29.7%)和750人(占35.4%)。就职业分布看,有效样本中教师415人(占19.6%)、公务员281人(占13.3%)、蓝领265人(占12.5%,其中"农村外来务工者"占该群体的71.2%)、白领274人(占12.9%)、学生882人(占41.7%)(具体见表5－2);男性1 037人(占50.3%)、女性1 023人(占49.7%),平均年龄29.19±12.60岁(具体见表5－3)。

表5－2 三城市有效样本分布

		教师	公务员	蓝领	白领	学生	合计
上海	有效样本数(人)	149	98	100	99	292	738
	本市中的百分比(%)	20.2	13.3	13.6	13.4	39.6	100.0
	占总样本的百分比(%)	7.0	4.6	4.7	4.7	13.8	34.9

续表

		教师	公务员	蓝领	白领	学生	合计
武汉	有效样本数（人）	115	83	65	76	290	629
	本市中的百分比（%）	18.3	13.2	10.3	12.1	46.1	100.0
	占总样本的百分比（%）	5.4	3.9	3.1	3.6	13.7	29.7
天津	有效样本数（%）	151	100	100	99	300	750
	本市中的百分比（%）	20.1	13.3	13.3	13.2	40.0	100.0
	占总样本的百分比（%）	7.1	4.7	4.7	4.7	14.2	35.4
合计	有效样本数（人）	415	281	265	274	882	2117
	占总样本的百分比（%）	19.6	13.3	12.5	12.9	41.7	100.0

表5-3 有效样本的人口特征分布

	人数（n）	百分比（%）		人数（n）	百分比（%）
性别			**独生子女**		
男	1037	50.3	是	984	48.4
女	1023	49.7	否	1051	51.6
年龄			**文化程度**		
12—17岁	481	24.4	小学及以下	42	2.0
18—24岁	420	21.3	初中或同等学力	408	19.6
25—34岁	413	21.0	高中或同等学力	378	18.1
35—44岁	354	18.0	大专	140	6.7
45—54岁	244	12.4	本科	883	42.4
55—64岁	58	2.9	研究生	226	10.8
			不清楚	6	0.3
职业			**户籍**		
学生	882	41.7	本县市农业	226	11.1
教师	415	19.6	本县市非农业	1251	61.7
公务员	281	13.3	外县市农业	314	15.5
白领	274	12.9	外县市非农业	238	11.7
蓝领	265	12.5			

三、工具与材料

根据调查需要和相关文献编制调查问卷,主要内容包括:(1)国民素质问卷,涉及国民的身体素质、心理素质和社会文化素质(文化素质、思想素质、道德素质和能力素质);(2)宗教文化生活问卷,涉及宗教观(公众对宗教观念的认可、对宗教行为的认可、对宗教徒的认可)、信仰类型、日常宗教生活等;(3)游民文化问卷,涉及游民意识(反社会性、主动进击性、帮派意识、反文明性)、对游民文化的评价或认同、日常生活中的类游民行为;(4)网络生活问卷,涉及日常生活中的上网行为、对网络不良信息的反应、对网络影响生活的评价等;(5)基本情况调查表,涉及受访样本的性别、年龄、受教育程度、职业、户籍等社会人口信息。问卷分为"公众版"和"学生版",前者适用于18岁以上的在职人员,即教师、公务员、白领和蓝领四个群体;后者适用于学生群体,包括初中生、高中生和大学生。

全部问卷主要由自编题目和标准化量表构成,其中标准化量表涉及焦虑自评量表(SAS)、人性哲学量表(修订版,RPHN)、心理控制源量表(IPC)等。

(1)焦虑自评量表(SAS):该量表主要用于心理健康水平的测量,是一种分析个体主观症状的相当简便的临床工具。国外研究者认为,SAS能较准确地反映有焦虑倾向的心理疾病患者的主观感受,近年来该量表已作为咨询门诊中了解焦虑症状的一种常用自评工具。焦虑是一种比较普遍的精神体验,长期存在焦虑反应的人易患焦虑症。SAS适用于具有焦虑症状的成年人,包含20个项目,根据症状出现的频度采用4级评分,其标准为:"1"表示没有或很少有时间有;"2"是小部分时间有;"3"是相当多时间有;"4"

是绝大部分或全部时间都有。

（2）人性哲学量表（修订版,RPHN）：该量表主要用于测量人性观,即受访者对"人性本善"或"人性本恶"的倾向。原量表由惠特曼（Wrightsman）于二十世纪六七十年代编制,用于测试关于人性的哲学,即受试者对他人一般行为模式的估计。他将人性分解为6个不同的成分：1）值得信任（Trustworthiness）,即人们被视为有道德、诚实和可靠的程度；2）利他主义（Altruism）,即无私、真挚的同情心以及对他人的关心；3）独立性（Independence）,即面临社会求同趋势而坚持自己信念的坚定性；4）意志力与理性（Strenth of will and rationality）,人们对自己行为理解的程度以及克服自己缺点的信心；5）人性的复杂性（Complexity of human nature）,即人是复杂的还是简单的、是难以理解的还是容易理解的；6）人性的变异性（Variability）,即个体间本性相差的程度以及基本人性的可变程度。研究表明,前4种变量与后2种变量基本上相互独立。本量表的作者基于原量表修订出一个20项的简表,用于测量"性善"与"性恶"。所有题目由一系列关于态度的陈述组成,每一陈述只是代表人们的一种普遍观点,并没有对错之分。每一个项目的评分均有6级,包含着从+3（完全同意）到-3（完全不同意）的级别。

（3）心理控制源量表（IPC）：该量表在本研究中主要用于"成败观"的测量,即个体对自己成功或失败的原因归属倾向。"心理控制源",即人们对行为或事件结局的一般性看法,通常分两种倾向,其一是内在性（内控性）,指人们相信自己应对事情结果负责,即认为个人的行为、个性和能力是事情发展的决定因素；其二,外在性（外控性）,指人们认为事件结局主要由外部因素所影响,如运气、社会背景、其他人。IPC量表反映了心理控制构成中三个不同的组成部分,每个量表都可被视为是独立的,目的是描述被试者对因果关系的一些看法。内控性(Internality,简称 I)量表测量一个人在多大程度上相信自己能够驾驭自己的生活;有势力的他人(Powerful Others,简称 P)量表涉及了一个人是否相信他人能够控制自己生活中的事件;机遇(Chance,简称 C)量表测定一个人对机遇可以影响自己的生活经历与事情结果的相信程度。在本研究中,该量表主要测试受访者对自己成功或失败的心理控制倾向,探讨内控性、有权力的他人和机遇三种成分各自所占的比例多大。

四、研究过程

整个研究报告的完成分为三个阶段(如图 5-1):

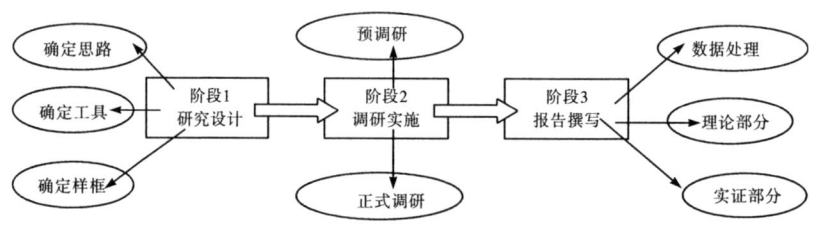

图 5-1　研究流程图

第一阶段,研究设计。主要是确定研究思路,写成理论探讨论文初稿,并指导问卷设计。选择标准化量表和编制相关问卷,确定样框,并请专家会诊,进行问卷的修改、样框的调整等。

第二阶段,调研实施。分两个步骤:其一,预调研。为了确保调查工具的适用性和问卷文字的可读性,于上海在教师、公务员、学生、外来农民工(主要是蓝领)等群体中抽取了 1 500 份问卷进行预调查。在预调查的基础上,对工具做进一步的修改使之完善。其二,正式调研。分别对选取的上海、武汉和天津的课题参与者进行培训,尤其是直接参与调查的人员,在其完全掌握调查要领与程序的基础上,开展正式调研。

第三阶段,研究成果撰写。分为理论探讨部分和实证研究部分。两部分交替展开,相辅相成地完成。调查数据用SPSS17.0统计软件进行处理。

第二节 研究结果的阐释

一、国民非主流文化生活状况

(一)宗教文化

(1)在宗教信仰上,中国现有各种宗教信徒一亿多人。本次调研中,明确表示没有宗教信仰的公众占73.5%,对宗教完全不了解的占6.8%,有宗教信仰的占19.7%。其中信仰佛教的占14.3%,信仰道教的占0.9%,信仰基督教的占2.2%,信仰天主教的占1%,信仰伊斯兰教的占0.7%,信仰其他宗教的占0.6%。

(2)在宗教观念上,大部分公众破除了宗教等同于迷信的观念,但对宗教是否具有发展性、文明性、约束力还存在疑惑;公众普遍并不认同宗教与科学、宗教与社会发展之间有一致性,他们中不少人并不认同"越有科学知识的人,越不容易信教","随着社会的进步,宗教也会与时俱进"或"宗教徒更应该遵纪守法"等观念。

(3)在宗教行为上,受访者对出于兴趣和好奇的宗教行为认可程度较高(圣诞节去教堂),而对接受宗教相关物品的认可程度低(接受小册子);对去教堂的认可程度高,对寺庙烧香的认可程度低。这一结果与本次样本中高学历人群比例高有关。

(4)在对宗教信徒的认可上,公众对宗教徒的接受程度与人际关系的亲疏有关。调查表明,受访者对同学和朋友成为宗教徒的认可程度最高,占66.9%;而对恋人或爱人成为宗教信徒的认可程度低,仅占19.1%。

(5)受教育水平、性别、职业等不同群体的宗教文化认同状况不同。诸如:受教育水平越低的,越可能成为信徒;受教育水平越高,越认可非功利性的宗教行为;女性信教者多于男性;教师与公务员对宗教的认可程度较高,蓝领群体对宗教的认可程度较低(见表5-4)。

表5-4 不同群体对宗教的认可程度(平均分)

	公众总体	教师	公务员	蓝领	白领	学生
宗教观念	3.31	3.50	3.47	3.28	3.55	3.11
宗教行为	2.53	3.11	2.74	2.60	2.61	2.66
宗教徒	3.00	2.34	3.21	3.13	3.05	3.28

(二)游民文化

(1)近一成的受访者深受游民文化的影响,他们在意识层面上接受"发迹变态"的反社会游民文化,并在行动层面依此而行;而完全未受此种文化影响的人不到八成。

(2)在反社会性上,就意识层面而言,有高达9%的人认同唯有天下大乱才能改变自身命运的说法,明确表示不同意此说法的人占71.8%,另有19.2%的人选择自己"说不清";在实际行动层面,有76.1%的人表示自己从来不会依照游民的反社会性行事,但是,实际生活中还分别有15.7%、4.6%和3.7%的人"有时""经常""总是"指望通过天下大乱来改变自身命运。

(3)在主动进击性上,就意识层面来看,有16.0%的被调查者明确表示自己"同意""有机可乘就不能放过,不要顾虑别人,该出手时就出手"等说法,明确表示自己不同意此种说法的比例是

65.5%,其余18.6%的人表示自己对该说法的正误"说不清"。不过,在行为实践层面,"总是"和"经常"按照此一说法待人处事的人的比例则分别只有4.2%和6.6%,而"有时"这样做的人则占26.5%,其余62.6%的人表示从来不这样行事。

(4)在帮派意识上,受访者中仍然普遍存在这一意识。调查显示,在被问到是否同意"日常生活中,一定要有自己的朋友圈子,有朋友好办事"时,有77.5%受访者表示"同意",不同意这种说法的人仅占10.2%,其余12.3%的人表示自己无法对这种观点的正确性做出判断。

(5)在反文明性上,虽然多数民众没有染上游民文化的劣根性,仍有部分人在认知与实践层面都受其影响。有62.4%的人明确表示反对"要成功就要心狠手辣"的说法,也有15.4%的人同意该说法,其他22.2%的人对该观点的正确性表示难做判断。

(6)年龄、职业、受教育水平、性别等不同群体的游民文化认同状况不同。调查显示:年轻人的反社会性、主动进击性和帮派意识都明显强于年长者;蓝领的反社会性意识、主动进击性等较高,白领对朋友圈子最看重;文化程度高者的反社会性和主动进击性均较弱,文明性相对更高;男性的反社会性和主动进击性均高于女性,而女性的文明性显著高于男性。

(三)网络文化

(1)在上网情况方面,截至2012年6月底,中国网民数量达到5.38亿。我国的网民数、宽带网民数及国家CN域名数三项指标稳居世界排名第一。本调查显示,受访者中超过一半的人每天经常或者总是上网,每天上网1小时以上的人占50.8%,每天上网3个小时以上的人占18.3%,每天上网1~3个小时的人占32.5%,每天上网时间在半小时到一小时之间的人占28.0%,每天上网时间不足半小时或者从不上网的人占20.0%,还有3.2%的人没有上网条件或者不会上网。

(2)在网络道德方面,多数人选择坚持道德自律但不积极参与网络不良信息举报或联合抵制活动。调查显示:就对色情信息的反应看,75.2%的人表示自己看到色情信息会一跳而过,不予理睬,少数人表示自己会细看色情信息,极少数人会传播色情信息,9.2%的人表示会点击细看色情信息,1.7%的人会看过色情信息以后传给网友分享,只有9.5%的人会积极举报色情信息;就对暴力信息的反应看,71.4%的人会一跳而过不予理睬,8.7%的人会点击细看一笑了之,3.7%的人会点击细看并传给网友分享,11.8%的人会积极举报;就对诈骗信息的反应看,64.1%的人表示自己不会理睬诈骗信息,有6.4%的人会点击细看一笑了之,5.9%的人点击细看过后会传给网友分享,只有19.7%的人表示自己会举报诈骗信息。

(3)在网络参与上,多数人并不热衷参与网络公共活动。就人肉搜索而言,88.0%的人没参加过人肉搜索,10.8%的人偶尔参加过,只有1.2%的人经常或总是参加人肉搜索;就传播小道消息而言,78.8%的人表示自己从未参与传播他人的小道消息,18.7%的人偶尔参与传播他人的小道消息,2.5%的人经常或者总是传播他人的小道消息;就助人活动而言,64.0%的人从未参加过网络助人活动,27.9%的人偶尔参加过网络助人活动,有8.15%的人总是或经常参加网络助人活动;另外,社会公众普遍比较关注并热衷讨论个人学习生活与工作的话题,其次是社会热点问题和文体娱乐信息,但较少讨论政治话题。

(4)在网络对生活的影响评价上,社会公众中有60%的人感受到网络对生活的积极影响作用,认为网络让生活更美好。

(5)不同年龄或职业群体的网络文化生活具有差异性。调查显示:上网时间从多到少的群体依次是白领、教师、公务员、学生、蓝领;按照遵守网络道德的程度依次排序,不同职业的人自觉抵制色情、暴力或网络诈骗信息的意识从强到弱依次是教师、公务员、白领、学生、蓝领(见表5-5);学生群体参与网络公共活动的积极性相对最高,诸如:更喜欢传播网络小道消息、更多参与网络助人活动。

表5-5 不同群体对网络不良信息的自觉抵制(%)

	教师	公务员	白领	蓝领	学生
色情信息	80.9	81.5	79.3	51.7	73.9
暴力信息	75.7	74.5	73.8	47.7	72.4
诈骗信息	71.7	71.3	65.5	43.0	61.9

注:"自觉抵制"指对网络不良信息"一跳而过,不予理睬"。

二、国民素质基本状况

(一)身体素质

总体而言,大多数受访者对自己的身体健康程度表示"满意",且身体健康随年龄增长呈下降趋势;通过地区比较发现,上海居民的身体健康水平相对武汉、天津两地而言较低;教师群体的身体健康水平最不容乐观。

(1)总体而言,大多数受访者对自己的身体健康程度表示"满意"。结果显示,77.1%的受访者对自己的身体健康表示"满意",其中"非常满意"的占24.8%,"比较满意"的占28.7%,"满意"的占23.6%;14.3%的人认为自己的身体健康状况"一般";8.6%的人对自己的身体健康状况"不满意"。

（2）上海居民对自己身体健康状况满意度相对偏低。通过对上海、武汉和天津三地比较发现，上海居民对自己身体健康的满意度平均值最低，为 5.34 ± 1.25；其次是武汉为 5.37 ± 1.51；天津居民的自我评价最高，为 5.51 ± 1.42。三城市之间存在显著性差异（$F=3.054$，$P<0.05$）。通过进一步分析，发现主要是上海与天津之间存在显著性差异（$P<0.05$）。

（3）教师对自己身体健康程度的评价偏低。将教师、公务员、蓝领、白领和学生五个群体进行比较，结果显示：教师对自己身体健康的评价最低，平均值为 4.82 ± 1.56，显著低于其他四组（$P<0.001$）；其中，教师表示对身体健康"满意"的仅 60.3%，"一般"的 22.0%，"不满意"的高达 17.6%（见表5-6）。

表5-6 不同职业群体对身体健康的自我评估（%）

	非常满意	比较满意	满意	一般	不太满意	不满意	非常不满意
教师	14.0	24.0	22.3	22.0	9.9	2.9	4.8
公务员	13.9	30.6	37.0	11.4	4.6	1.1	1.4
白领	10.9	25.2	36.1	19.7	5.5	1.1	1.5
蓝领	20.5	31.9	18.6	19.0	4.9	2.7	2.3
学生	38.7	30.6	17.7	8.5	2.3	1.3	0.9

（4）身体健康满意度随年龄增长而下降。相关分析显示，受访者的年龄越大，对自己身体健康的评价越差（$r=0.267$，$p<0.001$）。结果显示，12~17岁组对自己身体健康的满意度最高，达 87.4%；而后随年龄增长而逐步下降，至 55~64 岁组时，满意度仅为 55.2%（见图5-2），这与以往研究结论一致。

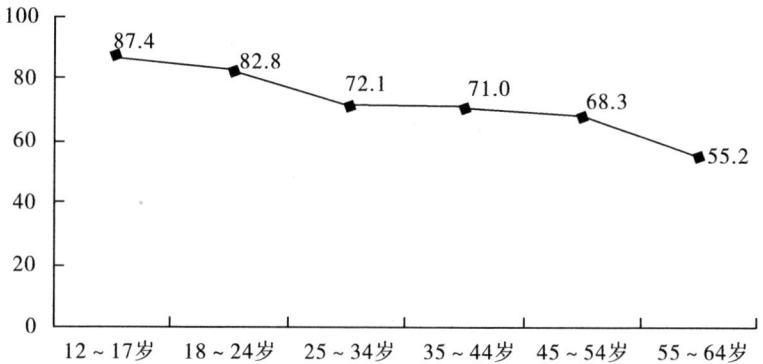

图 5-2 不同年龄群体对身体健康评价为"满意"的比例(%)

(二)心理素质

总体而言,大多数受访者对自己的心理健康水平感觉良好,且随年龄增长而呈上升趋势;地区比较发现,上海居民的心理健康状况相对武汉、天津两地而言更好;教师群体的心理健康状况最不容乐观;女性的心理健康水平相对男性更低。

(1)七成以上受访者心理健康水平良好。结果显示,74.5%的受访者很少或没有焦虑症状,表明其心理状况稳定,具有良好的心理健康素质;同时,25.5%的受访者有不同程度的焦虑症状,其中19.1%的为"轻度",5.2%的为"中度",另有1.2%的为"重度"。

(2)上海居民的心理健康水平相对更高。上海、武汉和天津三地比较,结果显示:上海受访者的焦虑程度显著低于其他两地($p<0.001$),心理状况呈"正常"的比例达81.7%,武汉与天津的比例分别为68.7%和71.6%,且武汉与天津两地之间不存在显著性差异。

(3)教师的心理健康水平相对更低。通过对教师、公务员、外来务工人员(蓝领)、白领和大学生五类群体比较,结果显示:教师的心理健康水平最不乐观,达到"正常"标准的仅为67%,显著低于公务员、外来务工人员与白领等职业群体($p<0.01$)(见表5-7)。

表5-7 不同职业群体的焦虑程度(%)

	正常	轻度	中度	重度
教师	67.0	23.4	7.1	2.5
公务员	74.3	21.2	4.1	0.4
白领	87.4	10.3	2.3	0.0
蓝领	74.9	19.4	4.5	1.2
大学生	72.4	19.3	7.1	1.2

(4)心理健康水平随年龄增长而提升。相关分析显示,焦虑程度与年龄呈显著负相关($r=0.661, p<0.05$)状态,即年龄越大焦虑越少,故心理健康程度越好。通过进行平均数差异性检验发现,55~64岁的老年组与18~24岁的青年组之间存在显著性差异($p<0.05$)(见表5-8)。

表5-8 不同年龄群体的焦虑程度(%)

	正常	轻度	中度	重度
18~24岁	73.3	18.3	7.1	1.2
25~34岁	73.3	22.2	3.5	1.0
35~44岁	73.3	20.1	6.0	0.6
45~54岁	77.7	15.1	5.0	2.1
55~64岁	85.7	12.5	0.0	1.8

(5)女性心理健康水平低于男性。平均数差异性检验发现,女性的焦虑程度显著高于男性($F=4.959, p<0.05$),女性心理状况"正常"比例为72.9%,男性该比例为77.2%,前者低于后者4.3个百分比,这表明女性的心理健康水平低于男性。

(三)社会文化素质

总体而言,国民的受教育程度在不断提高,文化素养在进一步提升。但在思想素质、道德素质和能力素质上存在较多值得探讨的问题,诸如:人性观上的"性恶"倾向、成败观上的"外控"倾向、基本文明礼仪有待提升、公共政治意识和社区参与行为均需要进一步提高。另外,地区、职业、年龄、受教育程度等因素对国民社会文化素质影响显著。

(1)文化素质:国民的文化素养不断提升,教师的受教育程度相对更高。2010年第六次人口普查数据显示,在6岁及以上人口中,大专及以上学历者占9.53%,比2000年同比增加5.72个百分比,表明国民受教育程度在不断提高,文化知识素养进一步提升。另外,"六普"数据分析显示,上海、武汉和天津的大专及以上学历人口(城市)比例分别为27.10%、25.19%和22.85%。在教师、公务员、蓝领、白领四类人群中,教师的受教育程度显著高于其他三类($p<0.01$),大专及以上高学历者占98.3%;其次是公务员,高学历者占97.1%;再次是白领,高学历者占96.8%;蓝领的受教育程度显著低于其他三类($p<0.01$),92.3%为高中及以下学历者(见5-9)。而且,同一职业群体中,年龄越小则大专以上高学历者比例越高,这充分表明随时间推移,国民受教育水平在不断提升。

表5-9 不同职业群体的受教育水平(%)

	小学及以下	初中或同等学力	高中或同等学力	大专	本科	研究生
教师	0.5	0.2	1.0	4.1	62.6	31.6
公务员	0.0	1.4	1.4	14.5	69.9	12.7
白领	0.0	1.5	1.8	25.4	49.3	22.1
蓝领	15.5	51.6	25.2	5.4	1.9	0.4
合计	3.4	11.7	6.4	11.5	48.4	18.6

(2)思想素质:多数人倾向于"性恶观""外控观",但对社会发展持积极乐观态度。首先,在人性观上,55.1%的受访者相信"人性本恶",认为大多数人都是利己的(自以为是、自私自利、缺乏同情心)、不值得信任的(善于撒谎、作弊、逃避责任等);38.6%的受访者相信"人性本善",认为大多数人是利他的(乐于助人、善良)、值得信任的(诚实、可靠、有责任感);另有6.3%的受访者认为"人性善恶各半",根据不同的情形会有不同的表现。地区、职业、年龄、受教育程度和性别等不同群体间具有显著性差异。调查显示:上海持"性恶观"的比例显著高于武汉、天津两地($p<0.05$),三地该比例依次是59.9%、51.5%和53.3%;公务员持"性恶观"的比例相对更高,达58.8%,而蓝领中持"性善观"的比例最高,达46.6%。人性观随年龄出现"U"形变化趋势,即"两头高中间低"。跨年龄比较发现,"性恶观"曲线随年龄先下降后升高,12~17岁组的"性恶观"比例达61.6%,18~34岁组为55.3%,35岁以上组平均为59.5%(见图5-3);相应的"性善观"随年龄呈"倒U"趋势。不同学历群体的人性观之间存在显著性差异($p<0.01$),初中或同等学力、大专两个群组的"性恶观"比例显著高于其他学历群体($p<0.05$),分别达61.5%和62.8%。相对而言,受教育水平在小学及

以下的,"性善观"比例最高,达48.8%。女性与男性的人性观之间存在显著性差异(p<0.001)。通过性别比较发现,女性持"性恶观"的比例达60.4%,该比例显著高于男性的49.4%。

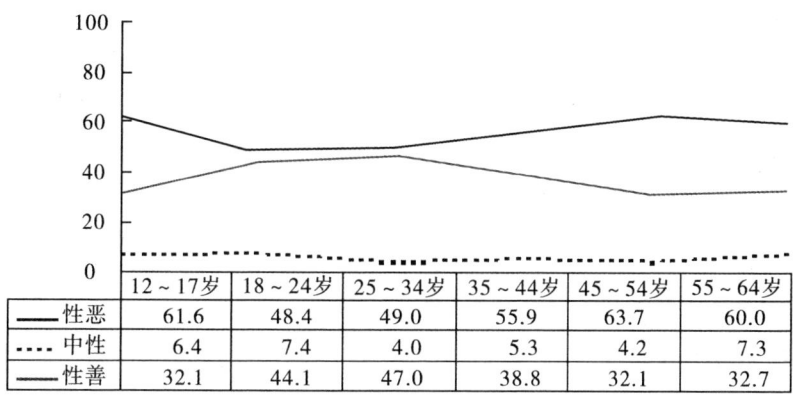

图5-3 不同年龄群体的人性观比较

其次,在成败观上,总体倾向于"外控观",认为成功主要靠外部条件。分析表明,从受访者在"内控性""靠山"(有权势的他人)和"机遇"对成败影响的比重来看,三者依次占:39.9%、30.8%和29.2%。也就是说,受访者普遍相信:成功=39.9%的内控性+30.8%的靠山+29.2%的机遇。除"内控性"属于相对可控的内部因素外,"靠山"或"机遇"都是不可控的外部因素。因此,该结果表明:当前国民将"成败"更多归因于外部因素,即倾向于"外控观",而更少归因于内部因素。心理学大量研究证实,"外控观"与焦虑、抑郁情绪有关,依赖外部因素的人主观幸福感更低,心理问题更多,可获得的社会支持更少,更难以应付紧张的生活环境和各种风险的压力。而相反,"内控观"主导的人,更积极地追求有价值的目标,更多投身于社会活动,求知欲强,有灵活性,有主见,幸福感更高。因此,这在一定程度上解释了新时期人们心理障碍发生率攀升的内在原因,同时也暗示了他们在应对社会风险中可能"失控"的心理行为与情绪。地区、职业、年龄等不同群体间在成败观上存在显著差异性。调查显示:上海居民的"内控性"较高($p<0.05$),为41%,武汉和天津两地居民的"内控性"均为39.6%;教师的"内控性"偏低,显著低于其他群体($p<0.05$)(见表5-10);"内控性"随年龄呈"U"形变化趋势。通过对不同年龄段群体进行比较发现,成功观存在显著的年龄差异性($p<0.01$),12~17岁组和55~64岁组的"内控性"比例相对较高,分别占43.2%和39.3%,25~44岁群体处在"波谷"。值得注意的是,在"学生"群体中,"内控性"与年龄呈显著负相关($r=-0.110$,$p<0.01$),即学生年龄越大,对"靠自己能力来取得成功"的信心越是不足,越表现出"自我失控"的焦虑与无助。

表5-10 不同职业群体的成败观比较(%)

	内控性	有权势的人	机遇
教师	37.3	33.2	29.5
公务员	38.6	30.5	30.8
白领	38.5	31.4	30.1
蓝领	38.2	32.1	29.7
学生	42.6	29.2	28.2

第三,在社会观上,绝大多数人对社会发展持"积极乐观"的态度。调查显示,73.8%的受访者对社会发展表示"积极乐观",赞同"中国的发展离不开中国共产党的领导"(81.0%)、"中国的明天会更好"(87.3%)、"老百姓是国家的主人"(73.7%)、"城市让生活更美好"(77.5%)和"80后的年轻人更有智慧和活力"(76.5%)(见表5-11)。职业、年龄和受教育程度等不同群体的社会观之间

存在显著性差异。公务员对社会发展的认同态度最积极乐观，78.6%的对社会发展抱有信心，特别是对"中国的发展离不开中国共产党的领导"和"中国的明天会更好"这两个观点的认同，分别达到92.2%和94.7%；相比较而言，教师群体对社会发展的总体评价较低，持积极认同的仅67.0%，低于其他几类群体，显著低于公务员和学生群体（$p<0.001$）。值得注意的是，"学生"群体对"80后"的积极认同显著高于其他群体，表现出更为积极的自我认同感（$p<0.01$）。社会观随年龄呈"U型"变化，即"两头高中间低"的现象，从"积极认同"的比例看，12~17岁群体达81.8%，55~64岁群体达82.1%，均高于其他年龄段。社会观随受教育水平趋向积极。相关分析表明，在职人群中（除学生外），文化程度与社会观呈显著正相关（$r=0.058, p<0.05$），即文化程度越高，对社会发展的认同度越高；值得注意的是，"学生"群体中，年龄与社会观之间呈显著负相关（$r=-0.173, p<0.001$），即年龄越大，对社会评价越显消极。

表 5-11 受访者对社会发展的态度（%）

	很不同意	不同意	不太同意	基本同意	同意	很同意
1.中国的发展离不开中国共产党的领导	6.1	4.7	8.3	28.5	25.2	27.3
2.中国的明天会更好	3.2	2.6	7.0	27.5	29.8	30.0
3.老百姓是国家的主人	8.3	4.3	13.8	23.6	20.8	29.3
4.城市让生活更美好	3.7	5.0	13.7	30.0	24.6	22.9
5.80后的年轻人更有智慧与活力	3.6	3.5	16.4	31.0	24.6	20.9

（3）道德素质：多数人具备"仁义之心"，但基本的文明礼仪行

为有待提升。什么是"道德"？即以善恶为标准,通过社会舆论、内心信念和传统习惯来评价人的行为,调整人与人之间以及个人与社会之间相互关系的行动规范的总和。道德往往代表着社会的正面价值取向,有判断行为正当与否的作用。不同的文化中,所重视的道德元素及其优先性、所持的道德标准也常常有所差异。中华传统文化中,形成了以"仁义"为基础的道德。韩愈《原道》:"博爱之谓仁,行而宜之之谓义;……仁与义,为定名;道与德,为虚位。"本研究主要考察两个方面的道德素养:其一,文明礼仪,即人与人交往的基本道德行为规范,在这个意义上也称之为"公共伦理素养";其二,仁义性,即对不同价值群体或弱势群体的博爱与利他行为,在此意义上,我们也称之为"个人道德品性"。概括而言,主要考察国民在"基本的人—仁义的人"或者"人—好人"方面的分布状况。

首先,就基本文明礼仪而言,调查显示,就遵守"红灯停绿灯行""不随意丢垃圾""在外用餐不大声喧哗""给老弱病残让座"和"拾金不昧"等城市生活中最基本的5项文明行为方面,仅24.0%的受访者表示都能够做到,76.0%的受访者都或多或少做不到,特别是"遵守红绿灯"和"不大声喧哗"两项能完全做到的比例最低,分别为46.0%和56.1%[①](见图5-4)。公务员的文明行为达标率最高,蓝领达标率最低。不同职业比较显示,五类人群在基本文明行为上的达标率从高到低依次是:公务员(34.7%)、白领(30.6%)、教师(29.9%)学生(19.7%)和蓝领(10.6%)。文明行为随年龄和受教育程度的增长而不断提升。相关分析显示,文明行

---

① "完全做到"是指"几乎每次都这样做",如果按"大部分时间这样做",则该两项比例分别为89.0%和95.7%。考虑到受访者对正向行为往往会做出偏高的自我评价,所以以"完全做到"为标准更为客观。

为与年龄(r=0.079,p<0.001)、受教育程度(r=0.200,p<0.001)分别呈显著正相关,即年龄越大其基本文明行为达标率越高;或受教育程度越高,基本文明行为达标率越高。但值得注意的是,在学生群体中,随着年龄增长,其文明行为的达标率反而下降(r=-0.096,p<0.01),这表明大学生群体的文明行为显著不如中学生。

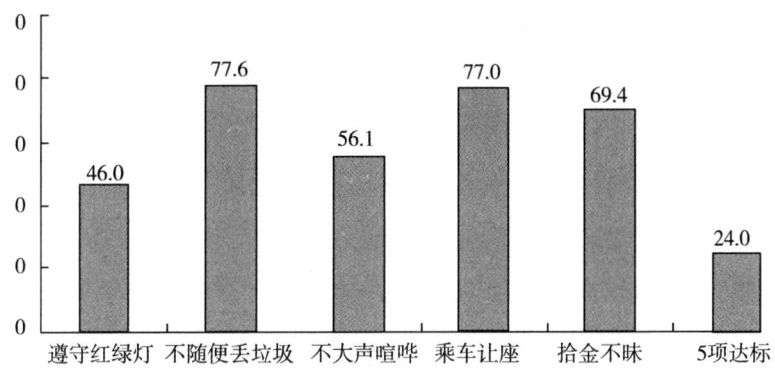

图5-4 受访者对基本文明行为的遵循(%)

其次,就仁义性而言,多数人具备仁义之心。调查显示,就"主动帮助流浪儿童""做志愿者"和"无偿献血"三项公益性行为测查结果看,54.3%的受访者表现出积极的行为倾向,特别是在"如果有机会,您愿意做一名志愿者吗?"的选择上,有79.2%的受访者给予了肯定回答,这表明绝大多数人具有助人利他的仁义之心(见图5-5)。而且,三项公益性行为之间呈显著正相关(p<0.001),即越可能主动帮助流浪儿童的个体,也越愿意做志愿者或者更可能参与无偿献血,或者说不同的公益行为均体现了仁义性。学生的仁义性倾向最突出。不同职业群体比较显示,学生群体的仁义性显著高于教师、公务员、白领、蓝领四类群体(p<0.001),特别是"愿意做志愿者"和"自愿无偿献血"的比例显著高于其他群体(p<0.01),分别达90.3%和90.7%。仁义性随年龄增长呈下降

趋势,随受教育水平呈增长趋势。相关分析显示,仁义性与年龄呈显著负相关(r = -0.196,p<0.001),即年龄越大、仁义性越少;同时,仁义性与受教育水平呈显著正相关(r = 0.248,p<0.001),即受教育水平越高,越有仁义性。交叉分析显示,大学生群体的仁义性最高。

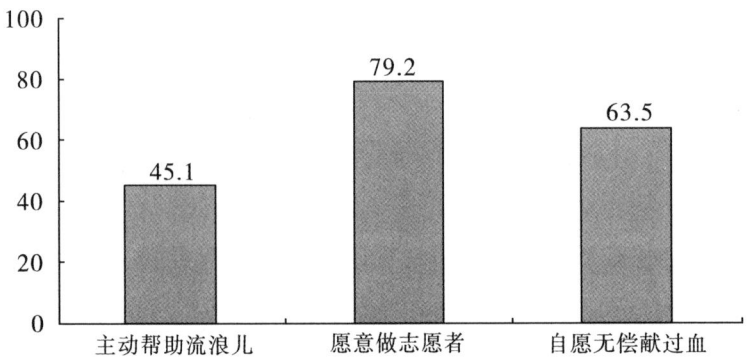

图 5-5 受访者的仁义性倾向(%)

(4)能力素质:多数人具有良好的人际交往能力,对工作或学习负责,积极参与社区活动,但公共政治理念比较欠缺。

第一,从人际交往看,绝大多数人具有良好的人际交往能力。调查显示,79.0%的受访者对自己的社会人际关系"满意";其中89.6%的受访者对"家庭关系"满意,88.5%的受访者对"邻里、同事或同学关系满意",63.9%的受访者具有良好的"社会支持感",即确信"当自己有困难时会得到亲朋好友的支持"。不同职业群体的人际关系满意度比较显示,学生群体对家庭、同学、社会支持及综合人际关系等评价上均显著高于其他群体(p<0.01)(见表5-12)。人际交往能力随年龄呈下降趋势。相关分析显示,人际交往能力与年龄呈显著负相关(r = -0.198,p<0.001),即年龄越

大,其人际交往能力越差;而且,年龄与家庭人际、邻里/同事或同学人际以及社会支持等均呈显著负相关($p<0.001$),这预示着随着年龄增长,人际关系日趋复杂多变,对人际交往能力的要求提高,需要更积极有效的人际应对能力。但值得注意的是,在职人群中,人际交往能力与年龄呈显著正相关($r=0.090$,$p<0.01$),即随着年龄增长其人际交往能力增强,特别是在邻里或同事交往以及社会支持性方面,均随年龄增长而有显著提升;而在学生群体中,却表现出人际交往能力与年龄呈显著负相关($r=-0.126$,$p<0.001$)状态,表明大学生的人际交往能力显著低于中学生。

表5-12 不同职业群体的人际关系满意度比较(%)

	教师	公务员	白领	蓝领	学生
1.家庭关系	90.2	87.9	91.6	85.2	90.8
2.邻里、同事或同学关系	87.8	84.6	90.5	83.0	91.3
3.社会支持(有困难时能得到及时帮助)	57.7	67.1	51.4	39.7	76.8
总体评价	76.8	77.6	76.2	59.0	87.5

第二,从工作/学习能力看,多数人工作或学习的态度认真。调查显示,89.4%的受访者表示对工作或学习认真负责,其中39.6%表示"非常负责",49.9%表示"比较负责"。不同职业人群比较,工作或学习责任感之间存在显著性差异($p<0.001$),教师群体的工作责任感显著高于蓝领和学生群体($p<0.001$),是五类群体中最具工作责任心的(见表5-13)。工作责任感随年龄和受教育程度呈上升趋势。相关分析显示,工作责任感与年龄呈显著正相关($r=0.217$,$p<0.001$),即年龄越大,其责任感越强;另一方面,也可能反映当前的年轻人的工作或学习责任感普遍不如老一代人强。另外,相关分析也显示,工作责任感与受教育水平呈显著

正相关($r=0.207, p<0.001$),即受教育水平越高,其工作或学习越认真负责。

表5-13 不同职业人群的工作/学习责任感比较(%)

	非常负责	比较负责	说不清	不太负责	不负责
教师	55.7	40.4	2.9	1.0	0.0
公务员	51.6	42.0	6.0	0.4	0.0
白领	46.7	50.4	2.2	0.7	0.0
蓝领	23.4	62.5	12.3	1.1	0.8
学生	30.6	52.9	11.6	4.2	0.7

第三,从社区参与方面看,近六成居民积极参与社区活动。调查显示,58.7%的受访者表示乐于参与社区(街镇或居住地)活动,其中14.0%的受访者"适合的几乎都参与",15.1%的受访者"大部分参与",29.6%的受访者"参与一小部分",另有41.3%的受访者"从不参与"。就"不参与的原因"而言,23.5%的受访者是"知道有活动,但不愿参加",更有76.5%的受访者是因为"不知道活动信息"。天津居民的社区参与积极性显著高于上海、武汉两地($p<0.01$),"适合的几乎都参与"的比例在天津居民中达17.3%,上海和武汉的居民相应比例分别为11.0%和13.5%;"参与过"(含"适合的几乎都参与""大部分参与"和"参与一小部分")的比例,天津为62.1%,上海和武汉分别为59.7%和53.2%。在职人群中,社区参与积极性与受教育水平呈显著正相关($r=0.074, p<0.05$),即受教育水平越高的在职人员,越可能积极参与社区活动;学生群体中,社区参与积极性与年龄($r=-0.118, p<0.01$)和受教育水平($r=-0.121, p<0.001$)均呈显著负相关,这表明大学生的社区参与积极性显著低于中学生。

第四,从政治参与看,公众的公共政治意识普遍欠缺。分别从"选举权""政府侵权""关注'两会'"和"留意领导作风"四项测查公众的公共政治参与意识,结果表明:仅16.3%的受访者有较强的政治参与意识(具体见图5-6)。在各个测查项及综合政治参与性方面,公务员都显著高于教师、白领、蓝领或学生群体($p<0.01$)。公共政治意识随年龄和受教育程度呈上升趋势。相关分析显示,公共政治意识与年龄呈显著正相关($r=0.197,p<0.001$),即年龄越大,公共政治意识越强;另外,公共政治意识与受教育水平呈显著正相关($r=0.403,p<0.001$),即受教育水平越高,其公共政治意识越强。

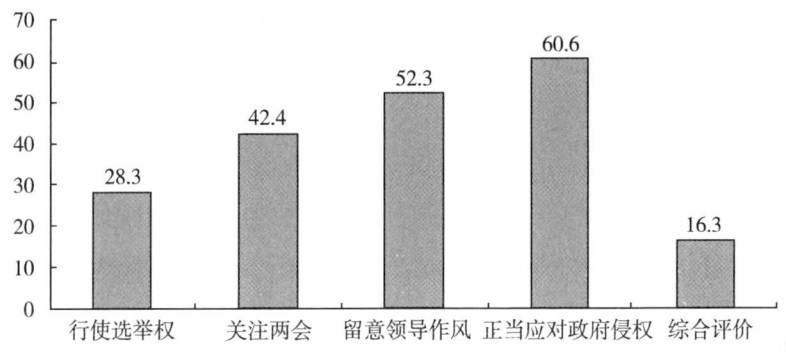

图5-6 受访者的政治参与意识(%)

三、非主流文化对国民素质的影响分析

(一)宗教文化对国民素质的影响

宗教文化是一个历时的概念,从传统的道教到中世纪传进的佛教,再到近现代的天主基督教等,都有其文化特质。不少研究中西文化交融的学者认为,外来的宗教之所以能够融入中国的本土文化,最主要的有两点:一是在日常生活层面上展开,二是对国人纲常伦理的丰富与完善。正是这两方面影响的广与深度,所以这

种融入能够持久并完美地整合。由于各种宗教文化对于伦理生活的建构都有积极的意义,所以我们的假设是现代宗教文化对于中国转型社会现代伦理生活的建构有着相当的积极意义。但是,研究结果显示,宗教徒在伦理各方面并非都优于非宗教徒,仅在身体健康自我评价上相对好于非宗教徒;而在家庭伦理、经济伦理、生态伦理等方面前者并没有显示出优势,而且政治态度也较为消极。这表明,就中国大陆宗教徒的现状而言,尚不宜以宗教徒和非宗教徒的伦理道德素质差异来衡量宗教文化对国民素质的影响。换言之,在影响我国国民素质的众多变量中,职业精神、教育程度、生存状况等因素发挥的作用是更基础性的,甚至也影响着教徒的信仰水平;而过于功利性的所谓"信仰",并无补于个体伦理素质的提升。

1. 在家庭伦理上,宗教徒并不优于非宗教徒。调查显示,"对家人关系表示满意"的非宗教徒占90.6%,宗教徒占86.0%;"没有或极少与家人争吵"的非宗教徒占38.3%,宗教徒占35.9%。

2. 在经济伦理上,宗教徒并不优于非宗教徒,甚至表现出更明显的功利倾向。调查显示,表示"对工作(学习)非常负责和比较负责"的非宗教徒占90.1%,宗教徒占86.7%;认同"要成功,就要心狠手辣"的非宗教徒占14.0%,宗教徒占22.2%;认同"只要能赚钱,可以不择手段"的非宗教徒占6.8%,宗教徒占10.6%。

3. 在政治伦理上,宗教徒重视法律的平等和权威,但政治态度较为消极。不同意"法律面前并非人人平等"的宗教徒占37.9%,非宗教徒占30.6%。政治关注方面,表示"从不关注全国两会"的宗教徒比非宗教徒高出2.5个百分点,但是表示"非常留意周围领导作风"的宗教徒比非宗教徒高出3.9个百分点。对国家发展的态度宗教徒较为消极,赞同"中国的发展离不开中国共产党的领导"

的非宗教徒占 82.7%,宗教徒占 74.0%;赞同"中国的明天会更好"的非宗教徒占 89.0%,宗教徒占 80.2%;赞同"老百姓是国家的主人"的非宗教徒占 74.2%,宗教徒占 70.4%。这似乎间接地反映了一些信徒遁入空门的某些原因。

4. 在生态伦理上,对生活的意义或价值感到满意的非宗教徒占 72.1%,宗教徒占 68.7%;对邻里、同事(同学)关系表示满意的非宗教徒占 89.3%,宗教徒占 84.8%;但是在身体健康状况上,宗教徒比非宗教徒的满意度更高。

鉴于本次调查的宗教徒所属宗教的分布很不均衡,所以以上分析可能并不全面,只能作为参考。

(二)游民文化对国民素质的影响

游民文化在当前中国社会仍然广泛存在,并影响着民众的认知与行为。当前,只有 53% 的人在日常生活实践中完全没有受到游民文化的影响,有 8% 左右的被调查者在日常待人处事的过程中主要是按照游民文化的精神与规则行事。游民文化的存在对我国国民素质构成了一定程度的负面影响,受游民文化程度影响较深的人的自控感水平低于常人,其文明礼貌素养相对较差,规则意识较弱,参与社会政治发展的意愿也比普通民众弱。不过,受游民文化影响较深的人比一般人更愿意助人,这展示了游民文化(主要是游侠文化)的另一面。

1. 从对个体心理素质的影响看,游民文化对个体自控感的影响显著。调查发现,受游民文化程度影响较深者的自控感水平要低于受游民文化影响较弱的人群。所谓"自控感",即个体相信自身行为或生活可以由自己控制的感受。自控感强者,通常对生活、社会或世界更具信心,更善于自我负责与积极进取;相反,自控感弱者,通常在生活中更消极,缺乏自我负责及进取精神。调查显示,在游民性非常强的人群中,有12.5%的人很不同意"我能否成功主要靠我的能力"的说法,而同比在游民性强、游民性弱和无游民性的三类人群中分别只有5%、3.5%和3.9%(见表5-14)。相反,在游民性非常强的人中,有相当一部分人都认为个人是否能够成功,更多的是依靠个人的运气或外在权力。

表5-14 对"我能否成功主要靠我的能力"的认同(%)

	无游民性	游民性弱	游民性强	游民性非常强
很不同意	3.9	3.5	5.0	12.5
不同意	6.1	5.0	6.7	10.0
不太同意	18.3	17.4	18.3	10.0
基本同意	34.8	32.7	29.2	25.0
同意	22.1	24.4	20.8	15.0
很同意	14.7	16.9	20.0	27.5

2. 从对社会公德的影响看,受游民文化影响较强的人,其个人的文明礼仪行为相对较差,但在公益助人方面展现出积极的"侠义情怀"。调查显示,受游民文化影响越大的个体,"在外用餐大声喧哗"的比例越高,完全未受游民性影响的人在外用餐时"总是"大声喧哗的人的比例只有0.3%,而同比在游民性"强"和"非常强"的人群中则分别高达3.4%和2.6%。同样,受游民文化影响越大的个体,其"遵守交通规则"的情况则越差,坦承自己"很少或从不"遵守红绿灯规则的比例在游民性"非常强""强""弱"和"无"四类人群中的比例分别为7.7%、2.8%、1.5%和0.9%。但在问到"您看到街头的流浪儿童会主动帮助吗?"时,选择"非常可能"的人的比例最高的正是受游民文化影响最深的人,他们中有25.6%的表示

自己非常可能主动施救,显著高于受游民文化影响弱的个体($P<0.001$),同比在游民性"强""弱"和"无"三类人群中分别只有12.7%、11.6%和14.9%。类似地,乘车时遇到需要人让座的老、弱、病、残时,游民性"非常强"的人中亦有高达76.9%的表示自己会主动让座。从这个意义上说,游民文化对于现代国民素质的提高亦有其积极的一面。不过,这部分群体现代公共意识弱、公共伦理素养低的问题也是明显的。

3. 从对社会参与的影响看,受到游民文化影响较深的个体的社会参与性相对更低。首先,其公共政治参与性较低,诸如:游民性非常强的人"经常"关注两会的比例要显著少于其他人群,他们中"从不"关注"两会"的比例(33.3%)大大高于未受游民文化影响的人群中的同比(13.3%)。其次,他们参与社会公益的意愿和行动都比较少。诸如:明确表示自己"不太愿意"和"不愿意"做志愿者的比例随着被调查者"游民性"的增强而提高:游民性非常强的人中有13.1%"不太愿意"或"不愿意"做志愿者,而同比在游民性强、弱和无的人群中分别只有10.3%、4.9%和3.8%,呈显著下降趋势($P<0.001$)。这里我们不妨推断一下:游民性强者愿意助人的"侠义情怀"属于传统的"古道热肠",而对于富有现代意识的"志愿"行为则还不理解。另外,值得注意的是,个体受游民文化影响的程度与其职业道德水平的高低并没有显著相关性。

(三)网络文化对国民素质的影响

我国已进入互联网时代,网络对国民生活的影响日益显著。本次调研中,网民(会上网者)占93.8%,非网民(不会上网者)占6.2%。调查显示,网络对国民的影响积极性是主要的。除了在成功观上网民的"内控性"相对更低外,在道德素质、能力素质等方面,网民都表现出胜于非网民的优势。事实上,网民与非网民之间的差异更多来自年龄、职业与受教育程度。

1. 从对思想素质的影响看,网民在成功观上的"内控性"更低。调查显示,网民与非网民都有超过7成的人认同个人能力(内控性)是成功的决定因素。但是非网民的认同度更高,非网民有24.8%的人非常同意自己的成功主要依靠个人能力,网民有15.7%的人非常同意自己的成功主要依靠个人能力。网民与非网民都有不到3成的人不认同个人能力是成功的决定因素。但是网民不认同这个观点的比例比非网民高,网民中有28.3%的人不认同成功主要依靠个人能力,非网民有24.1%的人不认同这个观点。

2. 从对道德素质的影响看,网民的文明礼貌程度相对非网民更高。调查显示,网民在"遵守红绿灯交通规则""不随便扔垃圾""在外用餐不大声喧哗""乘车主动让座""拾金不昧"五项基本文明行为上的达标率均高于非网民(见表5-15)。

表5-15 网民与非网民的基本文明行为达标率比较(%)

	遵守"红绿灯"	不随便扔垃圾	在外用餐不大声喧哗	乘车让座	拾金不昧
网民	46.4	79.4	56.3	78.5	70.4
非网民	39.8	50.0	55.0	56.6	56.3

3. 从对能力素质的影响看,网民的政治参与意识和政治参与能力更强。网民在"行使选举权""关注'两会'"和"留意周围领导的作风"等方面的积极性均高于非网民(见表5-16)。

表5-16 网民与非网民的公共政治意识比较(%)

	行使选举权	关注"两会"	留意周围领导的作风
网民	28.9	36.4	59.4
非网民	19.4	22.0	44.6

第三节 主要问题的分析与讨论

一、国民素质的发展不平衡

本研究表明,当前我国公众的素质在身体、心理和社会文化方面发展状况不均衡,身体素质和心理素质总体状况良好,但在社会文化素质方面(特别是思想素质、道德素质和能力素质)存在较多问题;另外,地区、职业、受教育程度、年龄等影响着国民素质状况。总之,我国公众的素质在发展上存在结构性、地域性、社会性等不平衡问题。

(一)国民素质的结构性失衡问题

如果将本次调研中的国民素质各部分进行比较,就会发现在国民素质的结构中有四个值得关注的"波谷"(见图5-7):其一,"性善观"的比例仅38.6%,虽然我国传统教育中崇尚"人之初性本善",但本次调研发现更多的人信奉"性恶观"(55.1%);其二,"内控性"在成功观上所占比例不足40%,国民将成败更多地放在"有权势的人"和"机遇"等不可控因素上;其三,文明礼仪完全达标率偏低,仅为24.0%;其四,政治参与性偏低,仅为16.3%。同时,如图5-7所示,国民素质的结构剖面图也呈现出四个"波峰":其一,工作或学习能力方面,89.4%的受访者表示对工作或学习认真负责;其二,人际交往能力方面,79.0%的受访者表示有良好的家庭关系、邻里或同事(或同学)关系;其三,文化素质方面,参与本次调研的受访者中78.5%具有大专以上学历水平;其四,身体素质方面,77.1%的受访者表示对身体健康状况满意。

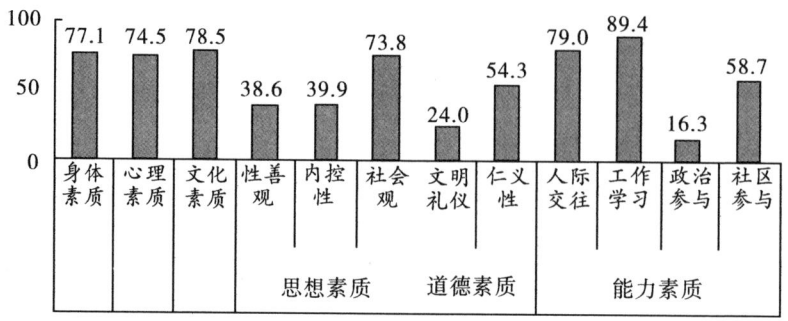

图 5-7 受访者国民素质总体状况(%)

"波峰"与"波谷"相对照,充分表明国民素质存在结构性失衡问题,大致可概括为四个特征:其一,有能力缺信心。受访者的身体素质、文化素质、人际交往素质和工作素质都较好,具有很强的社会生活能力,但其"内控性"却较低,表现出对社会生活的焦虑与不安,缺乏足够的自我控制感。其二,有文化缺文明。受访群体的文化素质相当高,但在基本的文明礼仪达标率上却不尽人意。其三,有关系缺信任。虽然受访者普遍表示有良好的人际关系,但在"人性观"上却更多倾向"性恶观",认为人从本质上是自私利己的,这一矛盾性投射出公众对人际关系的不信任感。这些在一定程度上解释了本次调研中呈现的结果:受访者的"社会支持感"(即确信"当自己有困难时会得到亲朋好友的支持")拥有率为63.9%,显著低于受访者对人际关系的评价——89.6%的人对"家庭关系"满意,88.5%的人对"邻里、同事或同学关系满意"。其四,有"小我"缺"大我"。受访者在人际、工作或学习、社区等能力素质上均表现良好,但在政治参与上态度"冷漠",表现出"事不关己,高高挂起"的姿态。但事实上,行使选举权、关注"两会"及领导作风等都与个体生活相关,参与公共政治不仅是公民的义务,更是公民的权利,这一素质的欠缺既反映我国公民的政治素养亟待提高,也反映出当前的政治教育与政治参与途径需要进一步完善。

另外,在现代社会中,身体素质、心理素质和文化(知识)素质等可以进一步概括为"个体生存素质",即作为个体立足社会、确保生存的基本素质;道德素质更体现了个体的"社会生活素质",即个体在社会公共空间中所具有的"我与你""我与他(或她、它)"的相互作用素养;思想素质则反映了人对其本源性的存在思考与追求,概括为"人类存在素质"。简单来说,这三类素质反映了人必须面对的三个问题,其一,"个体与生存"的关系问题,或者说"个体生存素质"就是确保人是"活着的人";其二,"个体与社会"的关系问题,或者说"社会生活素质",这将帮助人成为"社会的人""众人中的人";其三,"个体与存在"的关系问题,或者说"人类存在素质"将帮助人面对"我在"(Das)的问题。三类素质反映了人从"活着的人"—"社会的人"—"存在的人"的不断发展的过程。就以上结果看,本研究反映出国民的"个体生存素质"显然强于"社会生活素质"以及"人类存在素质"。换言之,也就是说,当前国民素质更多停留在"个体生存素质"阶段,"社会生活素质"和"人类存在素质"相对较弱,或者说国民最多可以算"活着的人",而离"社会的人"与"存在的人"的要求还很远。

(二)国民素质的地区性差异问题

研究发现,上海、武汉和天津三地受访者,除了在"仁义性"和"政治参与"等两项上不存在显著差异外,其他国民素质侧面均有高低差异。比较而言,上海公众的心理素质、文化素质、思想素质和道德素质等方面具有优势;天津公众的身体素质、能力素质等方面具有优势(见表5-17)。因此,国民素质的提升应结合地区特点,因地制宜地进行。

表5-17 上海、武汉和天津三地国民素质排序比较

	身体素质	心理素质	文化素质	思想素质			道德素质	能力素质		
				性善观	内控性	社会观		人际交往	工作/学习	社区参与
上海	3	1	1	3	1	1	1	2	2	2
武汉	2	3	2	1	2	3	3	3	3	3
天津	1	2	3	2	3	2	2	1	1	1

（三）国民素质的社会性差异问题

本次调研显示,职业、年龄、受教育程度、性别等社会性因素对国民社会文化素质均有显著影响。特别是不同职业群体的素质之间存在显著性差异。研究发现,教师的文化素质、工作能力等相对较高,但其身体素质、心理素质及思想素质等方面均相对偏低,表现出明显的"高能力低信心"的素质特征;相反,蓝领群体则表现出"低能力高信心"的倾向,尽管他们在文化素质、社会支持等多项上位列倒数,但"性善观"比例却最高,达46.6%;公务员在社会观、文明礼仪和政治参与性上显著高于其他群体,但"性恶观"的比例偏高;相对而言,学生群体在身体素质、内控性、仁义性、人际交往及社区参与等方面表现出诸多优势(见表5-18)。

表 5-18 不同职业群体的国民素质排序比较

	身体素质	心理素质	文化素质	思想素质			道德素质		能力素质			
				性善观	内控性	社会观	文明礼仪	仁义性	人际交往	工作/学习	社区参与	政治参与
教师	5	5	1	3	5	5	3	2	3	1	2	3
公务员	2	3	2	5	2	1	1	3	2	3	4	1
白领	3	1	3	2	3	4	2	4	4	2	5	2
蓝领	4	2	5	1	4	3	5	5	5	4	3	4
学生	1	4	4	4	1	2	4	1	1	5	1	/

二、不同的非主流文化对国民素质的影响不同

研究表明,宗教文化、游民文化和网络文化三种非主流文化对国民素质的影响不同。宗教文化对国民素质的影响甚微,游民文化的影响具有正邪两面性,而网络文化的影响颇显积极性。

(一)宗教文化尚不能正面影响国民素质

本研究表明,宗教在社会生活中的影响增大,公众对宗教的认可和包容程度增强。但宗教徒信仰宗教大多具有盲目性和功利性,与非宗教徒相比,宗教徒在伦理道德素质上并不占优势,信仰宗教并未深入他们内心精神层面。因此,就我国宗教徒的现状而言,尚不宜以宗教徒和非宗教徒的伦理道德素质差异来衡量宗教文化对国民素质的影响。换言之,在影响我国国民素质的众多变量中,职业、教育、生存状况等因素发挥的作用是基础性的,甚至也影响着教徒的信仰水平。在中国当代的社会现实背景下,信仰宗教人群信仰动机的功利性较强,信仰宗教的外在取向明显。由于社会环境对宗教信仰的态度较为宽松,对宗教的相关介绍增多,公

众接触宗教的渠道增多,因此信仰宗教的可能性也增大。但是宗教信仰的真善美要转化为自身伦理道德的一部分,还需要过程。宗教信徒内部的异质性也很高。因此,宗教文化对国民素质的影响应当着眼于整合宗教伦理与社会教育,提升国民素质。宗教文化的真善美并不仅限于对宗教徒产生影响,对非宗教徒,对广大的公众也能有所助益。

(二)游民文化对国民素质的正邪影响

本研究发现,游民文化在当前中国社会仍然广泛存在,并影响着民众的认知与行为。调查表明,当前只有53%的人在日常生活实践中完全没有受到游民文化的影响,而总是按照游民文化精神行事的游民性"非常强"的人占2.1%,游民性"较强"的人占6%,游民性"较弱"的人占38.9%。换言之,有8%左右的被调查者在日常待人处事的过程中主要是按照游民文化的精神与规则行事。受游民文化影响较深的个体,其反社会性、主动进击性、帮派意识及反文明性都更高。诸如:有将近一成的被调查者深受游民文化的反社会性的影响,他们在意识层面接受"发迹变态"的反社会游民文化,并在行动层面依此而行展开自己的生活与工作,而明确未受此种文化影响的人不到八成;有16%的被调查者明确表示自己同意"有机可乘就不能放过,不要顾虑别人,该出手时就出手"这一说法,明确表示自己不同意此种说法的比例是65.5%;有高达77.5%的被调查者认同"日常生活中,一定要有自己的朋友圈子,有朋友好办事"的说法;游民文化中反文明的特质对15%左右的被调查者有较深影响。而且,进一步的分析发现,被游民文化影响的人,其个人心理品质与社会公德都表现出了和一般民众不同的特质。在个人心理品质方面,受游民文化程度影响较深的人的自控感水平低于受游民文化影响较弱的人群,他们将失败与成功都归咎于外在的运气与不公平的权力,不认同个人能力与努力对于成功的意义。在社会公德方面,受游民文化影响较大的人的文明礼貌素养相对较差,规则意识较弱,参与社会政治发展的意愿也比普通民众弱。不过,值得注意的是,个体受游民文化影响的程度与其职业道德水平的高低并没有关系,而且,在助人行善方面,受游民文化影响较深的人们还表现出了令人印象深刻的侠义精神,他们更乐于助人。总之,尽管游民文化对国民素质具有明显的消极影响,但同时也有其可取之处。因此,在推进国民素质教育的实践过程中,我们需要客观理性地面对这种非主流传统文化的影响。在倡导新的科学理性的价值观念与社会主义主流文化的同时,要充分考虑游民文化对社会成员思想道德素质的可能作用,并予以梳理切割和转型提升。

(三) 网络文化对国民素质的积极影响

本研究显示,网络对国民素质的影响总体倾向积极。诸如:网民的进取心比非网民略强;网民与非网民同样遵守勤奋努力的美德,多数人不依靠运气或者通过攀附权贵得到自己想要的东西;网民和非网民都非常看重诚实可信,其次是负责任和宽容,非网民更看重善良品质;在家庭美德方面,网民经常听从家里长辈意见的人比非网民多;网民与非网民的职业道德素质没有显著差异;网民的社会公德心比非网民高;网民的政治素质比非网民高。可见,互联网对生活产生了重大的影响,互联网为网民提供了一个平等而开放的信息交流平台;互联网为社会群体广泛参政提供了重要途径,强化了公民的政治意识;互联网对政治环境能产生重大影响,政府也非常重视互联网对于政治的影响力;互联网的发展使社会群体的权利结构发生变化,在一定程度上弥补了由知识和信息的不平等产生的社会分层问题,并从而影响社会结构。但同时,也必须看到互联网对网民个体而言既有积极影响也有消极影响。互联网加快信息的传播,增强网民之间的互动,有助于加快人类创新速度、增加受教育机会和提高网民的行为自律。互联网也会带来一些负面影响,比如个人隐私遭到侵犯,个人遭受网络不良信息的影响,个人沉迷于网络游戏或者娱乐而影响身心健康,个人上网时间过长而影响正常的学习、生活与工作以及因网络匿名性而产生的失范行为等。

第四节 提升国民素质的对策与建议

一、重视国民素质的平衡发展

前面的分析显示,我国国民素质发展中存在结构性、地区性及社会性等不平衡问题。首先,就结构性失衡而言,"性恶观""内控性""文明礼仪"及"政治参与"四项偏低,不仅表明我国国民的素质问题,也充分彰显了我国社会性教育乃至政府工作的遗漏所在。"性恶观"和"内控性"低、"文明礼仪"缺失、"政治参与"热情低等问题,向我们描绘出这样的国民状态:"对人缺乏信任、对生活缺乏信心、对他人不关心、对公共政治生活冷漠",结合其"身体好、心理状态稳定和文化技能高"等优势,反映出国民"求生存轻社会""求自我发展轻公共伦理"的现状。如果不及时改善这种状况,必将影响社会发展与我国现代化进程。因此,就国民素质的结构性失衡问题,相关部门应予以高度重视,进一步深入调研,挖掘原因,找到突破的路径与方法。其次,就地区差异问题,不仅反映各地区公众素质状况,更可反映当地政府工作的重心与缺漏。诸如:上海应进一步分析市民身体健康问题,寻找存在的风险,积极关注与加大相关投入。最后,就国民素质的社会性差异问题而言,特别应注重提升教师、公务员群体的综合素质,特别是现代的公共意识和公共伦理素养,因为教师负有"传道、授业、解惑"的重任,担负"灵魂的工程师"之责,如果他们的身体不佳、心理扭曲、缺乏信任与信心,又怎么可能向下一代传递优秀品质呢?同样,公务员作为政府职能的执行者,他们的素质直接影响到政府绩效,影响到公众的社会服务。当然,学生群体的素质也值得关注,特别是大学生群体,他们在身心素质、社会文化素质等方面均存在较多问题,相对中学生而言,大学阶段是个体迈向社会的一个过渡期,其间所面临的压力与风险往往成为影响个体素质的重要因素。此外,对于蓝领群体,其现代公共意识与现代公共文明理念的教育也是亟待重视并加以切实解决的重大问题。

二、汲取非主流文化中的积极营养

在推进国民素质教育的实践过程中,我们需要客观理性地面对非主流文化的影响。在倡导新的科学理性的价值观念与社会主义主流文化的同时,要充分考虑非主流文化对社会成员思想道德素质影响的程度。

以游民文化为例,一方面,要充分警惕游民文化对国民素质的负面影响。从调查的结果看,游民文化确实在一定范围内存在,并对国民素质的形成与提高构成负面影响。游民文化在当代中国的存在与影响,有两点需要特别注意。第一,游民文化对人们思想意识的影响要大于对其实践行动的影响。游民文化中的反社会性、主动进击精神、帮派意识对国民的具体影响都是如此。认知层面游民文化被更多接受可能在某种程度上反映了国民与现存主流社会秩序的不相容、被排斥或自我排斥的现实,应该引起高度重视。

另一方面,人们在行动层面切实践行游民文化理念的情况要轻微得多,这说明现存的主导性社会秩序对那些在思想上受到游民文化影响的人仍然有一定的制约作用。第二,游民文化对年轻人群、文化程度低的人群与农民工人群的影响明显大过其他人群。如果说年轻人天生是具有反叛性的,因此他们自然会更多地接受不同于主流文化的游民文化;那么,低文化程度的人与农民工群体对游民文化的接纳则可能反映了他们对某些社会现实的不满与抗拒。从这个意义上说,我们可以用社会排斥的理论来审视游民文化在当代中国社会的存在。人们走近并接纳游民文化的原因,在于他们被排斥在主流社会之外、处在社会边缘位置,在于他们无法从主流社会获得必要的公平的生存机会。这些底层社会的人们因此不得不转而依靠非主流的反体制反社会的价值、文化与行动去寻获必要的可能的生存资源与机会。因此,在国民素质提升过程之中,应该从维护社会公平公正,促进社会平等的角度出发,在社会福利制度上主动将那些文化程度低的人、农民工群体纳入到主流社会之中,使其能分享到国家改革发展进步的成果。

另一方面,我们要看到游民文化的影响并非完全消极。如前文所述,受到游侠文化影响较大的人,往往比一般人更加愿意助人,更加愿意扶危济困。因此,在积极提升国民素质的过程中,我们可以从非主流的游民文化(特别是游侠文化)中"顺势而为"汲取必要的文化养分,大力推动我国现代公益事业的发展,提升全社会公民道德的水平。

三、充分发挥主流文化教育的影响力

主流文化与非主流文化的关系犹如"5+2","2"应该重视,"5"更应该发挥积极作用。因此,在提升国民素质过程中,要善于

利用非主流文化的积极面来影响国民素质;另一方面,更要重视主流文化,主动调整、充分调动它的教育功能与影响力。根据前面关于国民素质发展不平衡的问题,尤其是结构性失衡问题,我们提出以下想法与建议。

(一)以"生活教育"为起点,重视"向下看"

就道德素质而言,有一个值得反思的问题:"仁义性"的认同率达54.3%,而"文明礼仪"的达标率却只有24.0%。从道德素质的层次看,"仁义性"应高于"文明礼仪",也就是说一般而言,个体总是先做"基本的人",如能做到"遵守交通规则""不乱扔垃圾""在外用餐不大声喧哗""乘车主动让座""拾金不昧"等基本文明行为,然后才是更高层次的做"好人",如"帮助流浪儿童""做志愿者""无偿献血"等。而本研究的结果却显示出:公众选择做"好人",但却不能做个"基本的人"。这样的悖论可以从两个方面进行分析:其一,反映出长期存在于我国道德教育中的"华而不实"问题,即"高要求低行动"现象或者"高口号低落实"问题。长此以往造成了公众在道德素质上的"知行背离",在观念上知道"应该做什么"或"不应该做什么",但在行为上却"做不到"。以心理学理论解释,就是理想原则与现实原则的冲突。其二,反映出个体"社会公共伦理素质"的偏差,"基本的人"要求与他人之间互为平等、尊重,遵循基本的社会生活规则;而"好人"则反映出个体在社会生活中"利他性"的一面,但从传统的"利他助人"而言,总是以"助人者"更强、"受助者"更弱的状态存在。或者说,"好人"反映了个体优越于他人的心理与行为。公众选择做"好人",更多不过是希望

"强过他人"、做"人上人"或者"人中豪杰"的心理投射,是传统社会伦理教育中强调"做强者"却忽视"平等的公共伦理生活"的写照。而事实上,社会教育的目标应如陶行知先生所言"培养人中人,而不是人上人、人下人或人外人"。从这一点上,也可以解释游民性对"助人"的影响,那些受游民文化影响强烈的人之所以选择"助人",其心理动机更多体现在"我强你弱"的交往准则上,"助人"更多满足了其"强者"的心理感受,而非真正"大爱"的表现。因此,要提升国民素质,应回归"基本的人"的范畴,从"基本的人"的行为要求出发,弥补"社会伦理教育"的缺失或偏差,让国民从遵循"平等""尊重"的公共生活起步;然后再循序渐进向"好人"发展,向一个"行善"不是为了显示"我强",而是为了"共同的幸福"行社会责任的公民发展。打一个形象的比喻,就是在道德教育层面,应引导公众目光"向下看",以最基本的文明礼仪规范来要求自己,而不是先定一个虚假的高标准。此外,我们还要强调的是,在现代社会,这些"文明礼仪"事涉公共,是现代社会良性运转的保证,是现代人必须践行的底线。

(二)以"生命教育"为支点,重视"向内看"

在国民素质中,"内控性"对其他方面的影响显著。研究发现,内控性对思想素质、道德素质、能力素质等具有显著影响。内控性高的个体,其文明礼仪程度越高,更具仁义性,有更好的人际关系,对工作或学习更有责任心,社区或政治参与性更高。因此,引导国民"向内看",将能直接带动国民素质的提升。

就"内控性"缺乏的原因,分析主要有三:其一,社会转型带来的不稳定性，必然滋生更多风险。尽管社会风险是任何社会都必须面对的现实，但随着现代化进程的加快，我国公众面临的社会风险日益增多。正如贝克所言："在现代化进程中，生产力的指数式增长，使危险和潜在威胁的释放达到一个我们前所未有的程度。"毫不夸张地说，社会风险已成为我们社会生活的一个重要组成部分，它渗透到了社会的每一个角落，无时不有、无处不在。系统生态理论指出，人的心理行为总是环境的函数。社会风险的增大，客观上使公众产生了不安全感与失控感。其二，主体性缺失的社会性教育，抑制了个体的内控性。风险是客观的，应对风险却可以选择。即使是船与海的关系，船在巨浪中也具有选择性。"外控性"强的个体，显然弱化了自身的主体性，即主体意识与主体能力，而过度依赖于环境或外在条件。这一群体性特征，与长期以来"主体性缺失"的社会性教育紧密相关。不论是教育界，还是非教育界，都对教育中漠视"人"这一主体提出了严厉的批评。特别是在工业化进程中，更加剧了"造物"的教育模式，从学龄前、基础教育到高等教育，都充斥着专业化、标准化、集中化、同步化等工业文明的基本原则，用机械型、物本主义的方式来教育人，而根本忽视了人内在的力量与能动性，其直接结果就是弱化了个体的自我力量，抑制了"内控"的成长。近几年推动的"养成教育""研究性教育""生命教育"或"素质教育"，都在极力呼唤教育中的"主体性"，强调教育应在承认人的物性的基础上逐步提升人的理性，在传递知识、技能的同时，更应提升人内在的德性与综合素质，科学地推动"人—社会—经济"的可持续发展，而不是简单地制造一批"有文凭没人品""有学历没学问""有知识没能力"的"剩才"。其三，强调外控的文化根源,固化了个体的外控性。在我们的文化中,一向是强调"外控"的,从封建社会的"三权"(王权、族权、神权)到现代社会的集体主义,"个人"常常被放在次要甚至不必要的位置上。如孩童从小被教育要"听话""顺从",长大了要懂得"在家靠父母,出外靠朋友"等。总之,我们的"外控性"是根深蒂固的,是骨子里的,甚至可以说是一种民族特性。相反,强调个人力量的"内控"反而是与我们的文化相悖的,是我们所陌生或不熟悉的。我们可以包容"平庸",却排斥"个性";我们习惯听指令行事,却难以主动创造。事实上,"主体性缺失"的社会性教育,也是这一文化的衍生,或者说是一种文化惯性。不管是教育者,还是被教育者,都在这种文化烙印下,固守着"外控"导向的教育——追名逐利,而非"以人为本"。就以上三个原因而言,"社会转型"导致的"风险增加"是外因,"社会教育"和"文化"导致的"主体性缺失"是内因。外因是条件,内因是决定,外因通过内因起作用。那么,如何培育积极的、内控性的个体呢?

最主要的,就是要让"主体性"回归教育。或者说,就是要在社会性教育中唤醒、激活或者保护"主体性",犹如让潜伏在每一个体中的"巨龙"苏醒,乃至散发独特的魅力。虽然"文化"是根源,但教育传承文化,也可能更新文化。"主体性"的社会教育,其实质就是一次"文化更新",让习惯"外控"的个体独立起来,更好地去"做自己",实现天赋与价值。就操作层面而言,笔者认为应以系统生态模式,逐步构建"主体性教育体系"。人本主义心理学家卡尔·罗杰斯(Carl Ransom Rogers)(1902—1987)指出,人都有"自我实现"的倾向与潜力。也就是说,每一个体都天生有实现"主体意愿——

做自己"的力量。所以,只要有适宜的土壤,"主体"就能生根、发芽、成长。系统生态模式,即从个体需要的生态环境(诸如:家庭、学校、社会)出发,构建一个完整的强调"主体性"的教育网络。而主体性教育的实质就是"生命教育"——生命影响生命的教育,生命实现独特性的教育。

(三)以"生态教育"为重点,重视"向四周看"

如果说"生命教育"是学习"向内看",获得独立的"主体"。那么,人的基本属性就是各种社会关系的总和。因此,当获得"主体性"的同时,也必须学会"向四周看",了解自己所处的情境,以及自己与他人、社会、自然、世界等的关系,即必须在"主体间性"中成长与发展。这就是生态教育。在国民素质结构中,应着重强调个人与他人的公共伦理空间,"文明礼仪"就是最基本的一方面。在我们成为"自我"的同时,应"不麻烦到他人",应满足他人亦有空间的需要。"注重自我"与"承认他者"的有机整合,才是现代社会伦理教育的真谛,才能培育出现代社会的合格公民。

(四)以"理想教育"为制高点,重视"向远看"

"向下看"是为了成为"基本的人","向内看"是为了成为"独立的人","向四周看"是为了成为"人中人",而"向远看"是为了成为"高尚的人"。如前所述,我们的道德教育鼓励个体成为"高尚的人",这一点毫无问题,而且从人的发展而言,自我实现、价值追寻是人之本性。鼓励个体追求"高尚"本无异议,只是如果当个体还没有成为"基本的人"的时候就给予要求,难免出现拔苗助长的结局。但任何时候,以"理想教育"为目标,激励个体朝向"高尚的人"

的方向都是正确的,只是允许个体先做个"基本的人",然后再在主体意识的推动下去争取做一个"高尚的人"。就本研究而言,文化素质的提升并不必然决定文明素质,所以有必要在不断提升国民文化素质的同时,加强社会伦理教育,加强文明素质的培育。

下篇　历史与愿景篇

第六章　人的研究：从应然性到实然性
——人性、民族性、国民素质发展系统性整合的思考

要真正告别理想的理想主义，抵制现实的现实主义，在日常生活中让"人"做"好人"，构建"好人"群体占主导的和谐社会，就必须确立一个顶层的、宏观的理论视野。这就是下编各章要探讨的"实然性"人的研究——人性、民族性、国民素质发展的系统性整合问题，以及现代指向下的价值观和创新思维的培育和践行。

笔者认为，"人的研究"大致可分为"应然性"与"实然性"的研究。"应然性"研究主要是对人的理想性发展的研究，指向较远的未来，"实然性"研究主要是对人的实际状况的研究，指向历史与现实，也指向人的发展的当下可能性研究。本章主要是对人的发展的可能性研究进行系统性梳理，并对"人性""民族性"与"国民素质"的内涵与发展目标加以粗略的界定，对其相互的关联发展展开假设性的思考。或许我们可以说，关于实然性"人的研究"的梳理整合有可能使"人的研究"逐步成为一种"自觉—自为"的研究，有助于我们构建"关于人的科学的历史"（埃德加·莫兰），从而能较为科学地把握"让'人'做'好人'"的种种背景和条件。

"人的研究"就是人对自身的把握,正如先贤所断言的,这是世界上最难的事情。法国著名思想家、社会学家埃德加·莫兰也不胜感叹"人的科学的历史"至今还未到来!① 事实上,人类从未放弃过对自身的研究,有史以来人们从发展的需要出发,进行着相应的研究,但限于科学发展特别是自身思维水平的限制,这种研究进展缓慢;20 世纪以来,更由于学科的限制与政治的功利主义偏见,研究处于碎片化与片面化的状态而裹足不前。在此,笔者试图以有限的学识,对"人的研究"的现状与愿景,做些简要的归纳与展望,意在探寻以下几种研究方向与路径转变的可能性。首先在目标上,何以从"应然"走向"实然";其次,从内容上,何以从碎片化的点式解读走向系统性的梳理把握;再次,从方法上,何以从单学科的阐释性分析走向跨学科的整合性研究。毫无疑问,目标、内容和方法上的转变与推展,肯定有助于"人的研究"的深入,但笔者的学力有限,可能只是提出了问题,对问题的分析与解决则有待大家共同来推进。

第一节　何谓实然性"人的研究"

关注人的研究,无疑就是关注人自身的发展,那么,人自身的发展目标的设定就是"人的研究"的重要主题。以往的研究,就学术层面而言,20 世纪下半叶以来,中国大陆学界关注的往往是"人的自我解放"与"人的全面发展",其实这些目标是"应然性"或理想化的目标,如此纯粹的研究就有点"纸上谈兵"的味道,而以此来指导实践,不是陷于"空转"就是引发运动式"人的改造"的灾难。改革开放以来,学界上承"新民"的研究,把研究目标指向"实然性"

---

① 埃德加·莫兰:《迷失的范式:人性研究》,扉页,北京,北京大学出版社,1999。

的关注,也就是"民族性""国民素质"的问题以及"人性"的探究。但是,囿于学科视野与思路,在内容上尚未进行系统化的梳理,在方法上还很少展开跨学科的整合性研究。近几年来,人文社会科学的"人的研究"正在经历着从假设性到实证性研究的缓慢发展过程。就学科而言,哲学、历史学、教育学与心理学、社会心理学的研究成果颇丰;就研究内容而言,"民族性""国民性—国民素质"和"人性"的研究都有一定的进展,[①]但仍未进行系统化的整合和在系统整合之后的再分工的研究。在此,笔者不顾学浅才疏,斗胆对此加以梳理整合(见图6-1),以期抛砖引玉,展开讨论。

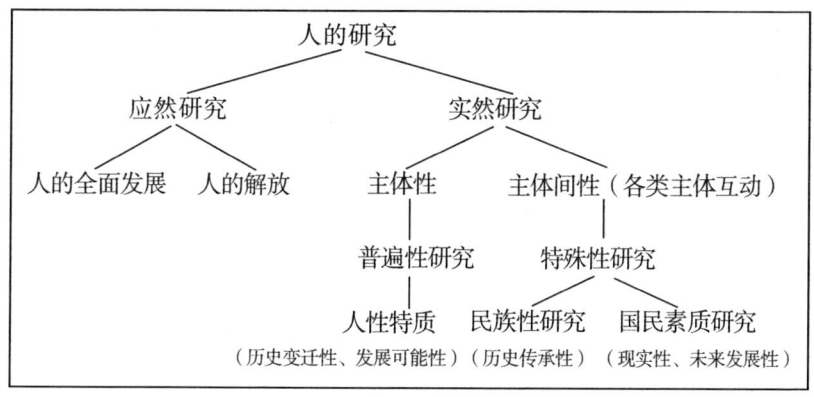

图6-1 人的自变与互动因变的研究

第一,"人的研究"可以分为"应然性"与"实然性"两大方向或两个阶段:"应然性"研究,也就是理想性的"人的研究",这至少包括"人的全面发展""人类的自我解放"等方面的研究,这是指向长远发展的人类发展的终极目标的研究。"实然性"的"人的研究"是人的历史性变迁与发展中存在的问题研究,很明显这是人的现实

---

① 由于本文的主旨在于对相关内容归纳梳理基础上的新的整合与推展,也由于篇幅所限,因此对已阅读的资料无法详加索引。

性的问题研究,指向人性、国民性、民族性的历史性缺失与现实不足。"应然性"与"实然性"研究是"人的研究"的两个不同阶段,有明显的区别,也有内在的关联性;但是,这两个阶段不能混淆,这两个阶段都是相当缓慢的发展过程。立足"实然性"研究,放眼"应然性"研究,这是本书的基本立场。"实然性"研究的当下目标是为了使人类早日进入"自身的科学的历史"。

第二,笔者在此将"实然性人的研究"首先分为"主体性"与"主体间性"的研究。"主体性"的研究,主要是对"人"的共性的研究,也就是对"人性"的研究,对"人性"的历史继承性与发展必要性及可能性的研究。"主体间性"的研究,是"主体"与"他者"之间的互动研究。这个"他者"就人类整体而言,除了群体与群体之外,指"人"之外的一切与人发生关系的"非人"的主体;就人的个体而言,就是个体与个体、个体与群体之间的关联互动。民族特性、国民特质正是在这样的复杂变化的互动中形成的具有特殊性的群体品性或品质。这种特殊性的研究,如果从民族性的角度看,主要侧重于历史性与现实继承性;如果从国民素质的角度去把握,则主要侧重于现实性与当下发展的可能的取向性(两者在现实性研究上有交叉)。以下就人的共性——人性研究、人的特殊性——民族性研究、人的共性与特殊性在和"他者"的关联互动中可能的演进趋向——国民素质发展研究略作阐释。①

第二节 人性:人的共性探究

作为"人的研究"系统的本体——人自身的研究,应该是人的

---

① 为了表述中词语搭配的需要,本文中使用了"民族性""民族特性"与"民族性格"等多个词语,但其内涵、外延基本相同。

共性——"人性"的研究。人性是有别于"魔性"与"神性"的人类的特质,由于缺少实证研究的支撑,太过假设性与抽象性,所以举步维艰,且众说纷纭。但是整合各类说法以及笔者的思考,我们大致还是可以对人性做些多层次、多维度的描述(见图6-2)。以下做些简单的阐释。

总的来说,物性、理性、工具理性、经济技术理性、公共理性、交往理性以及"小人"—"君子"、"人"—"好人"、"两面人"—"伪君子"等概念常见诸各类文章中,但基本上处于一种碎片化的状态。笔者以为,要深入进行"人的研究",有必要对这些概念加以系统性的整合,使之成为"人性"的结构化要素,揭示其层次性、关联性的特征。图6-2正是笔者以上思考的体现。

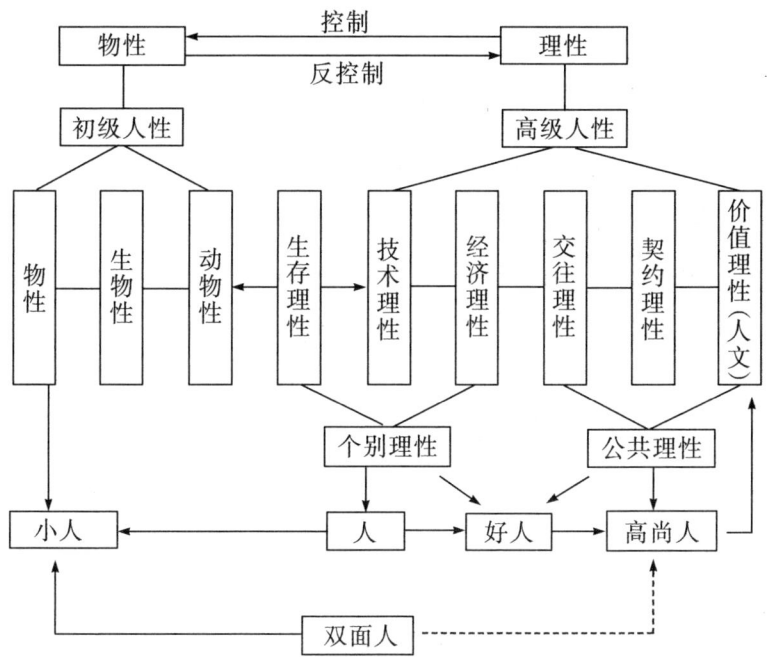

图6-2 人性与为人的结构性关联

一、人性的层次

首先，人性可以分为物性与理性两大层次：物性是一种低层次的初级人性，理性是较高级的人性。特别要说明的是，生存理性是介于物性与理性之间的人性，从本能的角度讲还是一种生而有之的属性，正是这种天生的生存理性，会推动人回归物性。

其次，理性也是分层次的，大致包括工具理性与价值理性。工具理性则又可分为两个部分：一是指向个体自我实现的技术理性与经济理性，一是指向社会合作的交往理性与契约理性。正是在两者不同的"工具性"指向上，我们将前者称之为"个别理性"，后者称之为"公共理性"。当后者超越"工具性"而指向"价值性"时，也就使人类从"实然"状态走向了"应然"状态，进入到了"全面发展"与"自我解放"的理想层次。

二、人性与"为人"的关联

不同层次的人性在相当程度上左右着人的"为人"。本能的生存理性和为了更好地实现自我的经济、技术理性使人成为"人"；当人的个别理性极度膨胀，欲壑难填之时，人就会失去理性，成为物性之奴，变成不齿的"小人"；为了有效地进行社会交往与合作，使生活更美好，当人自觉地提升了交往合作、诚信相待的公共理性时，就成了受人尊重的"好人"；而当人们超越了功利目标的工具理性进入以人文价值为指向的存在状态时，就会成为人人称道的"君子""贤人"——高尚的人。最后还需指出的是，还有一种"伪善者""变色龙"之类的双面人——"伪君子"，这种人以"君子"的面孔出现，行"小人"的目的，最具欺骗性与危害性，是人类文明的大敌，是社会安全运作的杀手。

三、要说明的问题

作为人的主体的研究,人性研究是主要的组成部分,但笔者对人性的要素的系统性整合无疑受到科学发展的限制,也受到自身学识的限制,还存在着疏漏与缺陷。

(一)人的非理性问题

人是理性的,更是非理性的,这种非理性不仅包含物欲,还包含情感。情感往往遮蔽理性,我们可以将非常态的情感称之为"情欲",归之为物性。但是何以区分情感的常态与非常态,对人而言,情感与理性孰轻孰重,则还是一个"哥德巴赫猜想"式的难题。诸如此类的问题,随着"人的研究"的深入,肯定还会出现——或许这正是"人的研究"的魅力所在。笔者以为,本书对人性结构要素的系统性分析,对于以上问题的探讨,还是有一定的启示意义:比如,是否应以人文价值理性来引领情感;又比如,对于"煽情""催眠"之术是否应保持一种人文理性的清醒。正是在对人性的新整合之中,我们才有可能进行这样的思考。

(二)理性提升的可能性

理性是个自变量,可能更是个因变量,人性——理性这个"小系统"(作为一个主体)的诸多结构要素肯定会在一个更大的系统里(主体与主体之间)因相互影响而发生变化,而在实际的现实生活中,"人性"是不可能独立存在的,其必定与其他主体相互关联而不断变化、演进。由此,我们就要探讨以下的问题了。

第三节 民族性:作为"人的研究"的特殊性探究

民族性研究就是"人—人性"在不同时空中变化的特殊性研

究,人性研究的是人类的共同性,民族性研究的是人类的不同族群在不同生存环境与历史传承中的独特性,从哲学上讲是人(主体)与环境(其他主体)之间互动影响的研究(见图6-3)。

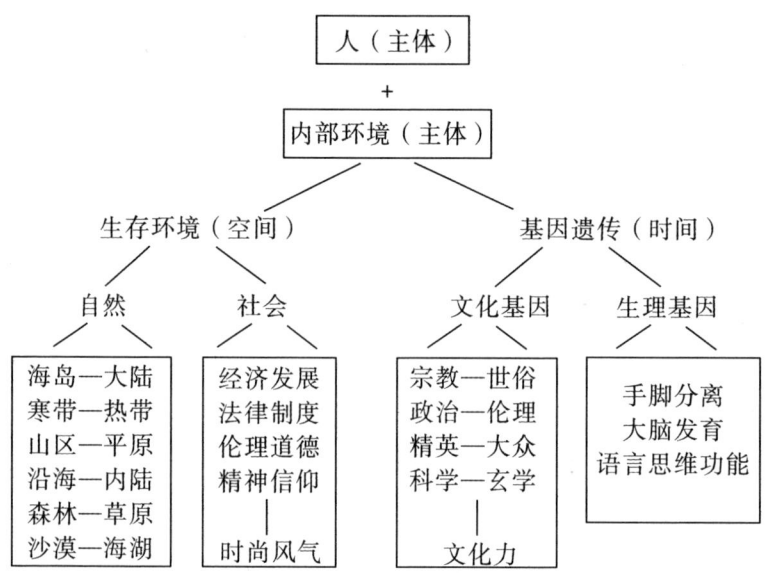

图6-3 民族性:人性在不同时空中的变异①

这里需要说明的是,本图中各主项下的子项都只是列举,这是开放式的列举,随着认识的深化必定还会有增减和调整。

与人性研究相比较,民族性研究更具体,更具实证研究的可能性,但作为一个复杂的大系统,其实证研究特别是追踪性实证研究的难度肯定很大。顺便还要说明的是,从人类的层面上说,"人性"是人类的共性,而民族性是人类的个性。那么,从民族性的层面上讲,民族性(特别是大民族)也存在着民族的共性和个性,共性更多

---

① 这里要说明的是,在人类实际的生活中,各种环境因素对人的影响作用往往是混合性的,本文加以分别是为了展开有侧重的表述。

地体现在文化基因的传承上,个性更多地体现在地域性上。这也是一个不小的问题,需要专题探讨,只能留待本书之后再专文讨论了。以下就民族性研究的具体要素略加阐释。

一、民族性与环境

民族性研究是"主体间性"的研究。这里我们要指出的是:以往我们较习惯于以"主—客"关系来解读"人与环境"的关系,并且在相当一段时间里批判"客观决定论",强调历史人物的主观能动性,这实际上忽略了人的历史局限或者说是人性发展的限度。事实上,人的认识与作为有很大的、几乎难以避免的被制约性,有时会变得相当的无奈与无助。所以,我们拟将本图中的各个结构要素都视作主体,这样人与环境中的任一要素的互动影响就是"主体间"的互动。由此,我们也可以更准确地把握各种结构要素对于民族性的影响作用,避免对人性作用的过高期望或曰"高度理想化",重视整体结构各要素的功能性作用,关注并确定国民素质发展的取向。这显然有助于我们更全面地分析把握民族性的各种历史性缺失。

(一)民族性与自然环境

自然环境至少包括地理状况与气候条件,人类与自然同为地球大系统的结构要素之一,相互影响变化,而生存在不同的地理与气候条件下的族群,往往在其与特定的自然环境的互动中型塑着不同的体质、素养、心理等,因此也就显现出不尽相同的民族性。这里特别要说明的是,在一个大民族(如中华民族)内,民族性的共性主要体现在文化的传承上,自然生存环境的影响只是型塑了同一民族之个性的丰富性、多样性。我们可以说,这是民族共性之下还存在着不同的地域性的民族个性,或曰"民性"(这个见解笔者将有专文讨论,此处不作展开)。以下的阐释是以此为基础的。

我们常说中国北方人的豪爽粗犷,南方人的细腻温和,又说"大陆情怀"与"岛民心态"……尽管这些说法并不科学或褒贬不当,但多少反映出当时人们对不同地区性差异的认识与描述,说出了一些当时地域性的民性的差异。从中性的角度看,这无不与当时当地的族群与生存环境的互动,形成特定的民风相关。

这里还有一个值得探讨的问题,这就是人类在与自然环境的长期互动中,根据自身的发展需求与兴趣,创造了一些次生环境,也可以说是人为的生存环境,比如,城市与乡村、杂居与独居的住宅以及网络生存等。这些次生环境对于生存于其中的群体的影响,一方面正日益受到研究者的关注,另一方面也的确在型塑着独特的人类族群。这类族群似乎已经不是"自然",而是被生存或生活状态所型塑,从这个意义上也就成了社会或文化环境的产物了。这已经或正在成为"人的研究"的重要课题。总而言之,原生态的自然环境正与走向现代的人类渐行渐远,人为次生环境与我们的互动,将把我们引向何方,这已经成为我们人类无法回避的重大课题。事实上,网络生存、网络思维也早已成了今天的热门话题。

(二)民族性与社会环境

这里所说的社会大环境至少包括经济发展状况、政治制度建设、伦理道德取向与精神信仰状态,由这些要素的整合所形成的社会风气与人性中的某些要素的互动交汇,就会型塑着相应的民族性格。不过,民族性的生成还受到更深层次的族群文化基因的左右(这将在下一节展开)。本节要表述的问题,笔者试图以表6-1来加以阐释,但此表过于粗疏简单,只是为了便于阐释而构想,可能会以偏概全。

表6-1 民族性:人性与社会环境的整合性关联

经济状况	贫困	贫或富	富裕
制度建设 伦理道德 精神信仰	专制独裁 生存至上 社会达尔文主义	专制威权 享乐至上 自我实现	民主共和 合理消费 承认他者
人性取向	生存理性	不平衡的工具理性	平衡的工具理性
民族性、型塑……	强悍、有攻击性……	散漫、自私……	自立、友善……

本表大致描述了三类社会环境与相应的民族特性的互动影响过程:

第一类,强悍而富有攻击侵略性的特性。经济发展落后贫困、崇尚专制落后的政治制度,信奉生存至上的伦理关系以及有意无意膜拜信奉弱肉强食的社会达尔文主义,这样整合形成的社会风气,极易激发人的生存理性,从而型塑出强悍而极具攻击侵略性的民族性——在物质匮乏的传统社会中这是人的本能的表现。

第二类,散漫自私的特性。经济状况无论是贫困还是富裕,在专制威权主义的政治制度下,人们贪图享乐,缺乏精神信仰,社会风气败坏,必定会诱发人性中的极度功利性的工具理性成为单面人,从而型塑出自私散漫、缺乏社会担当的民族性格。

第三类,自立友善的特性。当社会经济发展良好,人们崇尚民主法治的政治制度,进行合理有节制的消费,营造和谐合作的伦理道德关系,那么人性中的公共理性乃至人文价值理性就会得到培育,自信自立、友善合作、有社会担当的民族性格就会确立起来。不言而喻,培育生成这样的民族性格,应当是我们经济建设、制度设计、信仰确立与社会道德建构的共同指向。

要强调的是,这里只是以举例来说明民族的特性,实际情况更为复杂。第一,社会环境不是一成不变的,民族特性也是如此;第二,我们常说"黑暗中存在着光明,光明中也会有黑暗",所以第一类的民族特性中存在着第二、第三类个体或小群体,第三类的民族特性中也可能有第一类的个体或小群体。只不过在特定的条件下,这些个体或小群体不占上风、不成气候。人的复杂性、丰富性正在于此。

最后还要说明的是,以上描述的只是宏观层面的社会环境、社会风气;还有中观层面的社会环境,如:城市、乡村、企业等环境与风气;乃至微观层面的社会环境,如:社区、学校、班级、家庭等环境与风气。正是在宏观、中观与微观等多个层面的极其复杂的人际互动中,人们自觉或不自觉地不断构建着社会大环境,其或与显规则相谐,或与潜规则相伴,进而营造着社会氛围,影响着政治和文化生态,在一代又一代的传承中型塑着民族特性。

当然,无论是自然还是社会环境都是一种外在的环境,而以文化遗传基因为内核的文化环境则是一种深层次的、内在的环境,以下的讨论就此展开。

二、民族性与文化遗传基因

人类的历史性传承,不仅是生理的传承,也是文化的传承,所以现时代的人在基因遗传上来说,至少应包括文化基因与生理基因两个方面。由于族群的迁移交融,宗教信仰文化的碰撞交汇以及东西方文化的交流融合,现时代国民的文化基因已经相当复杂,这在后发型的现代国家中表现得尤为突出,中国就是这种情况。从现有的研究来看,笔者以为历史性传承的宗教文化、政治文化、商业文化、伦理文化与新兴的自觉意义上的科学文化,对民族性的型塑作用明显,在此略加概括阐释。

这里特别要说明的是,由于文化的绵延性特征,文化基因的传承具有大范围、大时段、深层次的特性,其对民族性、特定地区的民风、民性的影响大同小异。这在网络信息时代更是如此。因此,尽管本处未将网络文化纳入论述范围,并非无视而是为了慎重,只有对这一新世纪呈几何级扩散的文化现象进行长期的追踪性研究,我们才可能揭示其对人性、民族性的真正影响。

(一)民族性与宗教文化

真正意义上的宗教文化是为了抗衡人类与生俱来的丛林文化应运而生,不过人们对于宗教的理解往往是按自身的生活需求与认知水平而从生存、伦理、存在三个层面上去认同。当人们为了生存而信奉宗教,往往驻足于祈福、保平安乃至致富等物质与功利的层次;当人们为了走出"丛林",祈望共生共荣的伦理生活而信奉时,这才进入了对宗教文化的真正理解层面,或者说是宗教信仰的较高层次;当人们将真善美的宗教信仰作为一种价值加以追求,这才是进入了宗教信仰的最高层次即精神存在层面。宗教文化是一种信仰文化,但信仰文化不一定是宗教文化,不过也应与宗教文化一样具有这样的"三境界"。在这个意义上,中国的儒家文化以及西方的主义文化,只要有真正的真善美追求,也应该有这样的"三境界"。然而,有些信仰文化的传播者出于宣传的需要,总是强调信仰文化的精神层面,这就使一些信仰文化沦为了"空谈"与"玄学",从而不再能吸引民众,而失去了信仰文化支撑的民族将十分可怕。此外,极端的信仰文化也会给人类带来灾难。当今一些极端的原教旨主义的唯我独大,仇视、迫害其认定的"异端",这实际上是要倒退回"丛林",这种灾难现今还在不断上演,已无须笔者再多评论。

总而言之,不同族群中的大多数人所处的宗教—信仰文化的境界层次,总是与其实际生存状况紧密相连的,民族性正是在这个基础上与宗教—信仰文化发生互动关联。所以,宗教—信仰文化的真正意义就在于,当人们正沉溺在"丛林"与功利之时,给人们指出了更好的生活、更好的"存在"状态的方向,救人于物欲的苦海之中,进而构建一个伦理关系融合的和谐社会。

(二)民族性与政治文化

古人云:政者,正也。所以政治文化是正人君子的文化,绝非小人、伪善者的文化。政治清明,民风才能淳厚,民性才会友善。中国历史上的"文景之治""贞观之治""开元盛世"等,都与清明的政治文化相关联。不过历史上专制体制下终究是"人治",民众不可能真正参与政治,以民主制度为基础的"法治"不可能出现,所以政治清明往往视"为君者"的"人治"而定,不可能持续。自汉武帝以来的"外儒(家)内法(家)"的统治术更使"说一套做一套"的政治文化发挥到极致,伪善、尔虞我诈的官场文化成为常态,"内耗"成为皇朝更迭的根本原因。民意难达"天庭",顺民、良民转瞬间就可能成为刁民、暴民。

今天,共和制的建立,政治制度改革的开启,法治、民主、公正等价值观的确立,以及廉政风暴的威力,使清明的政治文化的建构,有了一种系统性的保证与整合性的机制,构建在民主制度上的政治文化,终将型塑"有权利、有担当"的现代民族性格。

(三)民族性与商业文化

商贸活动是人类经济活动的重要组成部分,更是人际互动交流、相互影响的重要途径,可谓源远流长。正是对商贸活动的认识理念与行为取向的长期积淀而形成了商业文化,而这种商业文化又反过来影响与约束着人们的商业经营活动。由于生存环境的明显差异,东西方商贸理念与经营取向有相同点,也存在着一定的落差。

首先,我们要肯定中国的"儒商"与西方清教徒的经商理念有着某种可以相通之处,在义利兼顾、以义为重的经商原则上代表了人类人文理性的光明面,是人类商业文化的制高点。然而由于生存环境的恶劣与人性中的物性诱惑,商业经营活动所体现的更多是"为富不仁"的阴暗面。

其次,中国在相当长的一个历史时期内,商贸活动在很大程度上是皇家经济、官府经济的附庸,而且由于商业活动特有的趋利性、交易性,一旦与权力发生关系,就会泛化为一切均可交易,权权、权钱、权色交易均为题中之义。这就极大地冲击了本应清明廉洁的政治,撼动着一个个皇朝的根基。所以,一些传统社会的政治家、思想家如韩非、柳宗元等对商业活动心存芥蒂,甚至把商人视为社会的蛀虫,这可能也是传统社会制度"抑商"的原因。商业活动成了一把双刃剑,一方面大大促进了商品的流动、造福于人,一方面又极大地诱发着人们的物性欲望,让贪欲将人引向深渊。为此,继承并确立"儒商"和"清教徒"商人的文化精神,构建义利兼顾的真正的市场经济理念,才能实现人类的可持续发展。这无疑也是民族性格健康发育的基石,也可能是实然性"人的研究"中面对的一个相当严峻而紧迫的课题。

(四)民族性与伦理文化

中国的伦理文化有两个明显的特点:一是与以小农经济为核心的生存环境相协调,积淀成以血缘、地缘与业缘为纽带的"熟人文化";二是主张"君子之德",强调个人修养也就是"私德",而"君子之德"则意谓君子才是有德的人,而君子之外者皆为无德者,这样,道德就成了极少数人的道德。在这些理念及其文化氛围中,人们往往只认熟人,不讲道德。熟人圈外的公共空间只是一片空白的丛林地带,人际关系的处理有很大的随意性,凡事往往是有权有势有钱——不一定有德的人说了算。这,也可能就是"人治"的伦理文化基础。历史上正是由于长期奉行"人治"的专制制度,人们的公共空间极为有限,对于公共伦理即"公德"的需求并不强烈,即使有需要也只是从亲情推演开去,找熟人、傍高官、斗后台。因此,在传统的伦理文化中,不可避免地先天性地缺失了公共伦理,这就为进入现代的伦理文化埋下了无法适应现代公共伦理生活的种子。因为,公共伦理是以陌生人为对象、以普通民众的需求为目的的一系列伦理规范。

其实,历史上,中国并非没有公共空间,也并非不需要相应的伦理,只是在极端的专制制度和恶劣的政治生态下,发生了扭曲变异,成为一种庙堂与江湖的生存术、潜规则。"熟人文化"的无限扩张,就成了拉帮结派的伦理原则,"君子之德"则成为双面小人最好的伪装与敲门砖。由此,《三国演义》就成了庙堂争斗的教科书,《水浒传》则成为江湖之士的生存经。这种伦理文化强化的是人性中的生存本能与个别理性,这种伦理文化型塑的民族性格,必定陷入理性失衡、物性高扬、伦理失序的境地。所以,中国现代伦理文化的建设,一定要从提升国民的公共意识与公共理性起步,并整合政治文化、商业文化的共同转型,从理念构建、行为取向与制度导向等多个层面同步前行。① 更具体地说,提倡型塑好人的公共伦理文化,是中国现代化进程的题中之意。作为好人,就应该在努力实现自我、提升经济技术理性的同时,也承认、尊重他者,自觉提升合作理性、契约理性。公共伦理文化的建设就在于营造日常生活中有助于公共意识、合作意识、契约意识传播与认同的氛围,由此让

---

① 更详尽的论述,可参阅笔者载《中国政法大学学报》2012 年第 7 期"日常生活重建:从不和谐走向和谐";《探索与争鸣》2014 年第 2 期:"路径依赖·现代建构——当代中国现代公共文明建设的历史进路"。

人在潜移默化中受到教育、感化,由被动变主动,成为好人。而这种文化氛围的长期熏陶,终将培育出蔚为大观的好人群体,法治社会也正是在这样的公共伦理文化及其相应的好人群体的基础之上,得以稳步构建。

(五)民性与科学文化

科学精神是科学文化的内核,这是一种不断探索进取的精神,在持续不断地试错、证伪与批判、反思的过程中,在与生存环境的反复互动中,人们奋发有为、不懈探索的秉性得以型塑。不过,这一切都基于对科学的正确认知,基于扶持科学精神的社会氛围。这就是自觉意义上的科学文化的真正内涵。

对于"科学"的认识,我们曾经历了两个历史性的误区,必须加以反思。首先,从传统的认识或知识论出发,将科学视为一种"永恒的规律"或"绝对的真理",认为科学可以解决一切问题。现代的知识观告诉我们,这种对科学的认知本身就是不科学的,当然也不可能铸就科学精神,营造科学文化氛围。而这种立场完全可能将科学引向玄学。

其次,我们习惯将"科技"与之并列,以致将科学等同于技术,甚至以技术遮蔽科学。其实科学是人类特有的人文价值理性,技术只是一种工具理性,以技术遮蔽科学或是将科学与技术等同起来,就是将人类分属不同层次的理性混为一谈,甚至颠倒了过来。这种混同与颠倒也明显影响到我们对科学—思维创新与技术—知识创新的把握,使得科学精神的弘扬、科学文化的建设举步维艰。

当今世界,对一个民族、一个国家来说,真正的科学精神与科学文化的确立和建设,是一个攸关命运的大事情,我们应当予以应有的重视与有力落实。笔者以为:由劝人向善的宗教文化、清明有为的政治文化、以诚相待的工商文化、共生共荣的伦理文化和直面问题、敢于反思的科学文化整合而成的文化软实力,或者说是新组合的文化基因链,其与人性优化互动而型塑的民族性格,是一个民族更是整个人类永续发展的源泉。不言而喻,这也是实然性"人的研究"面对的最重大的课题。

第四节 国民素质发展:"人的研究"的科学时代何时到来

国民素质的研究与"人性—民族性"的研究,有交叉但更有明显的区分,主要反映在以下方面:相对而言,前者较为抽象,注重现实研究,更注重历史继承性的研究,并且在研究中较多从一般的概括推及个别的分析阐释,由整体描述到个别把握;后者则比较具体,往往是从个别到一般,从个别分析到整体描述——这里实证的定量研究就有了用武之地。此外,后者在注重现实问题的同时,更关注问题解决的可能性即发展取向、未来愿景的研究。

笔者以为,就整体的国民素质而言,应在盘点历史、把握现状的基础上,以系统性整合的思路,认清发展取向,在不断调整完善结构要素的同时也要对已不适应现代社会发展需要的旧思维、旧习惯加以梳理切割,在告别旧素质中型塑新素质,在型塑新素质中告别旧素质。这是一个漫长的过程,是系统诸要素良性互动、优化组合的过程,也是国民自我教育、舆论适当引领的过程。以下对这一系统性的整合过程作一大致描述(见表6-2)。这一描述在一定程度上使我们能理解埃德加·莫兰当年提出的那个问题:人类历史的科学时代离我们有多远?如果从研究的角度讲,这个问题是否可切换成"人的研究"的科学时代何时到来?希望我们的探讨能有助于深入认识上述问题。

本表显示,国民素质发展至少可以分为三个相互区别、又相互关联的发展阶段,每个阶段的生活状态、生存环境、人性层次及其人的生理、心理与文化传承作为一个系统结构要素都存在着交融互动、演进变动的关系。研究这些阶段的关键在于:一方面要承认其"存在的合理性",一方面又要关注其"提升的必要性与可能性"。以下略加分析。

表6-2 国民素质发展不同阶段的结构性整合互动概况

素质发展阶段	生存自在	伦理自觉	精神自由
生活层次	物质生活	伦理生活	价值生活
素质发挥	生存素质(生存技能)	公共伦理素质	人文素质
人性层面	生存理性(个别理性)	公共理性	存在理性
生存环境	相对贫困	相对富裕	普遍富裕
	威权·人治	民主·法治	民主·德治
	生存竞争	共生共荣	大同
文化基因	丛林文化	宗教文化·世俗文化	科学文化·信仰文化
生理—心理(思维能力)	简单思维	复杂思维	科学思维
	自我实现(依附人格)	承认他者(独立人格)	理想价值
	自在群居	自觉群居	自觉类居

一、国民素质发展自在、自然阶段的存在必然性

国民素质的发展,实际上就是人的普遍性发展与人的特殊性发展交融互动演进的过程,也就是人性在与外在的生存环境互动影响中,其各结构要素不断变化发展的过程。从理论上说,这应该是一个从自在、自然的变化过程逐渐走向可能的自觉、自为的过程。"自在、自然"与"自觉、自为"是两个相对独立又相互联系的阶

段,也是一个自循环的结构系统,其结构要素自成体系,有自身的运转机制。这是表6-2试图揭示的第一要义。

具体地说,"自在、自然"阶段,应属人类的原生阶段,是人的物性本能的发展阶段。人类的各个群体处于自我生存发展的需要阶段,必然首先有物质的需求,自然追求技术的发展与技能的把握,为了保证最基本的丛林生态,自然寄希望能维持最基本秩序的威权,而威权即人治,人治则必然造就依附性人格。在"自在、自然"的人性——生存环境的系统结构内,这些结构要素就是如此"合情合理"地相互联系在一起。久而久之,这种"关联性"会被一些缺乏反省反思能力的族群误认为是"铁律",从而迷失方向不思进取,最终走向毁灭——用今天的话说就是"出局""下课",或被开除"球籍"。

二、国民素质发展走向"自觉、自为"阶段的可能性

对于有着反思意识与高级思维能力的人类而言,大多不愿驻足于本能性的"自在、自然"阶段而希望更上一层楼。人类一直在探索这种可能性,特别是在20世纪对各种理想主义的乌托邦进行了代价沉重的试验,但试验的结果令人扼腕。痛定思痛,当下人们都将目标定位于"民主、法治"的和谐社会的建设,及其相应的以"人格独立、公共理性、共生共荣"等为结构要素的现代伦理生活的建构。

这一"自觉、自为"的人类发展阶段,对于人—国民素质的发展取向就是人类自觉群居所需要的最基本素质——"承认他者",这也是现代高科技、高风险社会可持续发展的底线。所谓"承认他者",就是相互承认他者——个体、群体、民族、国家的生存权、发展权、信仰权,就是"己所不欲,勿施于人"。这是人类"地球村"和谐

共存的保证,是人类走出国家冲突、民族冲突、宗教冲突阴影的必备意识与素质。只有真正进入了这一阶段,人类历史的科学时代才可能开启。

三、国民素质发展与文化自觉

这里说的发展主要是指从"自在"向"自觉"的发展,由于人"自由而全面"的发展属于"应然研究"的范畴,本处暂不加讨论。国民素质的发展与"生存环境"以及文化"基因变化"紧密关联,生存环境属于显在的硬环境,本章已展开讨论,而"基因变化"特别是"文化基因"是一种较为内隐的软环境,本章也已展开探讨。笔者以为从国民素质的发展来看,这个软环境我们还未予以充分关注,因此还需再加强调。所谓"族群的自觉"主要是指一种文化自觉,一定要告别"丛林文化",建设互利合作、共生共荣的伦理文化;与此同时,还要关注精英文化,这是一种敢于担当、奋发有为的精英文化,造就一批民族脊梁——精英文化在实现现代转型时,特别应主张平等协商、民主决策、集体智慧而非英雄情结、个人崇拜。此外,科学文化、商业文化以及作为伦理尊奉与信仰追求的宗教文化,都应确立其在民族文化建设中应有的地位,并真正掌握其现代内涵与意义。我们必须清醒地认识:硬环境的外在建设如果没有软环境的内在支撑,就会像将大厦建立在沙滩上一样危险。

总而言之,国民素质发展的研究是实然性"人的研究"中面向现实与未来、最接"地气"的重要组成部分,值得我们调动更多的资源去研究。

第五节 实然性"人的研究"创新愿景

人类经过长期的发展,其生理包括大脑的发育已很少差异,即便有差别的话也主要表现在思维水平,而且这也不是一个简单的生理问题,更多的关联因素可能还在于生存环境与文化氛围乃至哲学视野及立场。

笔者以为,站在今天的历史高度上,我们在人的研究上,应自觉地告别二元对立的哲学立场与简单的极端思维;同时,要把握多元共存的哲学立场,了解复杂的系统思维与整合思维。从更深刻的认识论层面上说,也就是要完成一次从"笼统的全面"到"深刻的片面"再到"系统的全面"的蜕变。这应是实然性"人的研究"的发展愿景,也可能是"人的研究"的新发展点,更进一步说,复杂思维、整合思维有可能指引我们展开跨学科的"人的研究",这将成为"人的研究"的重大突破。

一、告别"二元论"与极端思维

近现代以来,特别是在被历史学家称作"极端年代"[①]的20世纪,人类受到"二元对立论"的影响乃至操控,好偏激,走极端,一些极端主义者更是鼓吹一种思想、一种宗教、一种价值观,党同伐异,将"非我"的思想、价值观视为异端大加讨伐,乃至做出诸多非理性举动。

在"人的研究"方面,特别是在人的发展完善的进程中,一些极端主义者"不承认他者",鼓吹极端民族主义、种族主义与原教旨主义等社会思潮,挑起民族、种族与宗教矛盾,一次次将人类引入歧途。更有一些极端主义者,将复杂丰富的人性简单化;将渐进的、自然发展为主的思想转变与素质提升过程视为激进的、全由人为主宰的过程,试图用外加的、强力的手段来实现此类"改造"工程,以致给一个民族、一个国家带来可怕的灾难。回顾20世纪的乱

---

① 艾瑞克·霍布斯鲍姆:《极端的年代》,南京,江苏人民出版社,2011。

象,人类已经认识到极端思维的危害,但是要走出极端思维的阴影,我们还有很多路要走。这路怎么走,何以使"告别"成为人类的文化自觉,这无疑是"人的研究"的重大命题。

当今世界,科学技术与社会科学研究突飞猛进,人类享受着各种技术与制度成果,沾沾自喜,然而20世纪法国著名的思想家、社会学家埃德加·莫兰却告诫我们:人类的科学历史时代并未到来。21世纪以来,各种极端势力胁裹着极端思潮,以恐怖主义手段进行宗教迫害、种族迫害,令人触目惊心。这一切说明极端年代、极端思维并未远去,还在祸害人类自身。因此,何以"告别极端"仍是"人的研究"的重大课题。

历史的发展告诉我们,人们之所以容易形成极端思维,就认知论的角度看,在很大程度上是缺乏开阔的哲学视野和复杂的思维能力。笔者以为:告别极端思维,就要从主义设计回归问题探讨,从感性回归理性,从浪漫激进回归沉稳渐进,从难持续走向可持续,从玄学走向科学,从简单思维走向复杂思维,从二元对立走向多元共生。

二、把握多元的哲学立场与复杂性思维

在历史中发展的人类,在清理、切除旧文化基因的同时也要建构发展新文化基因,告别旧的是为了拥抱新的。

人类的思维水平往往与人的哲学立场紧密相连。比如,将人分为好人—坏人或小人—君子,或将人性分为"物性—理性"都是简单的"二元论"哲学立场的体现。其实"一分为三"乃至更多才更为接近事实。所谓复杂性的思维就是在多元观的基础上,超越简单的因果思维,思考其相互的关联性以及多元、多层次的交叉耦合性。而各个"元"本身就是一种结构,有结构要素又有结构功能,各

结构要素间又有各种关联互动。以此复杂的系统性思维去分析人性、民族性等，将使我们对人的复杂性、丰富性有较为明晰的了解与把握。笔者在本书中对这些问题的分析，正是秉持了这一立场，并在系统思维的指导下进行的思考。①

在复杂性思维中整合思维是一种创新思维。打个比方说，如果以系统思维解读世界、阐释事物是"我注六经"，那么，整合思维就是"六经注我"，是主动而自觉地运用人类现有的知识理论，加以新的组合，对已知的世界进行重新认知或对新的事物加以独创的阐释。如果"人的研究"要在现有的局部性进展的条件下有所突破的话，那么，整合思维有可能给我们带来新的拓展。由此，我们将在下一节中继续展开讨论。

三、"人的研究"跨学科整合的可能性

是否可以说，人的研究从人类有哲学的时代就开始了？当然，这是一个不分学科的笼统研究。随着人文社会科学的分科，在各学科负责的局部有程度不一的进展。但是，这种进展，因各种方法与手段的独立、学理的深入探究，反而离开了或忽略了对人的关注（比如经济学、社会学等）。这是否可以看作关注局部而忘记了整体——只见树木不见森林？

笔者认为，鉴于当今分类繁多的人文社会科学原本就是从对"人的研究"的原始学科中分化而来，由于长期为自立门户而进行的纯学理研究离人自身的问题研究越来越远，以至有的已经演化成为不食人间烟火的纯粹而孤立的数模公式之类。今天，人文社

---

① 有关更详尽的提升思维水平能力的探讨，可参阅笔者发表在《青年探索》2014年第三期上的文章"创新素质培育：从生存竞争型到伦理合作型——国际视野中以思维科学教育提升青少年现代素质的现状与启示"。

会科学的各个学科应当尽可能地整合起来,对"人"自身进行整体性的跨学科研究,以期让人自身尽早进入健康发展之路,让地球村尽早成为人类的和谐大家庭。笔者在此抛砖引玉提出以下整合性跨学科研究的大体思路(见图6-4)。这是一个以哲学、美学为"头脑",以思维学、阅读学为"耳目",以心理学、生理学、社会学与伦理学为"肢体",以历史学、宗教学、文化研究、政治学为"心肺",

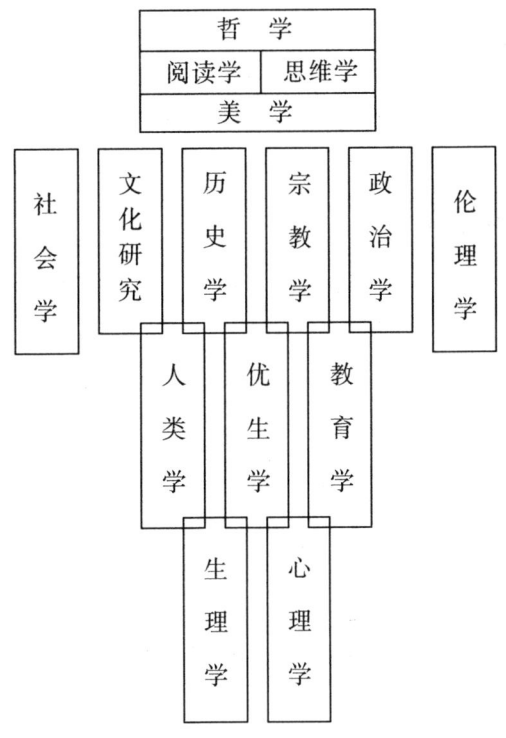

图6-4 跨学科整合性"人的研究"思路

以优生学、人类学、教育学为"躯干"的"人"型的整合性理论结构。此图大致反映了对人的研究的方方面面,既有不可或缺性又有相互依赖性。这样的研究或许多少能从整体上把握人类从哪里来到哪里去,人们何以健康和谐地安身立命,恪尽职守、享受权利。

第七章　民族性发展：从主义回归问题
——百年"新民新人"的回顾与展望

近代以来,民族存亡与富国强兵一直是中华民族的头等大事,而这又与"民族性改造""新人培育"紧密关联。百余年来的民族发展史,可以说是一曲曲"新民新人"的长歌。历史不可改变,现实可以把握。告别20世纪,站在21世纪的历史制高点上,超越"来自过去的历史记忆"才能展开鸟瞰式的"对过去历史的反思",进而展望"民族性发展的未来"。在"实然性"人的研究的视角里,民族性研究——在现代的多民族社会的国家里我们也称之为"国民性研究",这是较之人性研究更现实而具体的研究。这一研究尽管提法不同,事实上从19世纪末20世纪初就已被提出。

鸟瞰与反思近代以来中国民族性的发展轨迹,总是与百余年来"新民"与"新人"的理论与实践交织在一起。由于特定的历史与文化条件,这个发展过程显得极为艰难而曲折,我们不得不承认这是一种历史的宿命。今天,我们应在已经达到的认识与思维水平上摆脱历史的宿命,首先要冲破极端理想主义和极端现实主义的束缚,直面中国现代化进程中的发展问题;其次,要把握问题的重心与解决问题的可能路径。我们认为,当下国民素质的发展重心主要在于独立人格与共同体意识的培育与养成。这里的"共同体"意识,从狭义上讲是国家民族意识,从广义上讲是世界与人类意识,这两者不可分割但也要区分。至于如何培养独立人格与共同体意识,我们根据已经收集到的最新研究信息,提出一些新的可操作性的建议。或许可以说,确立了独立人格与共同体意识的人,在相当程度上也就具备了成为现代社会中自觉的好人的基本素质;也正是在这样的基础上,好人有可能群体性地自我呈现,而非个体性地孤立地被呈现。在这个基础上,国民的素质将得到整体性的有效提升。

第一节　概念与立场

一、"改造"与"发展"

说起民族性问题,我们常常就联想到"国民性改造","改造"一词由此也就伴随着"新民新人"的理论与实践。笔者以为,"改造""塑造"之类较偏重于物理性、刚性,强调一种按人为的设计来改变、形塑人的含义,往往带有较强的主观性乃至随意性。百年"新民新人"之中,正是这种刚性加上主观性和激进性,给我们带来了困惑乃至灾难,这已为历史所证实。为此,笔者提出"民族性发展"这一概念。"发展"较为关注顺势而为,这个"势"就是时代的发展之势,社会、文化的演进之势。国民素质的发展一定要真正地与时代社会的发展联系在一起,人为的强制,刚性的、主观的设计,以及激进的、浪漫的追求,都可能背势而为、逆势而动。当然,顺势而为,把握过程性、层次性、阶段性的发展也十分重要,不看过程、不分层次、不顾阶段则都有可能失"势",都有可能陷入误区。总之,顺势而为才能使民族性发展进入"柔性"的优化状态,逐步使国民素质得到实在提升。

这里具体联系到"新民新人"问题,就涉及两种状态,那就是培养新人与改造旧人。在常态的情况下，人的转变与文化演进、社会发展以及自然环境的变迁同构互动，是一个渐进的过程。然而在非常情况下，比如民族存亡、主义成败乃至政党兴衰的背景中，无论是出于激进的思潮还是功利的考量，去硬性地推行人的改造，即所谓的"历史设计"都可能引发一场民族自残的灾难性后果。如果我们再把眼光放开去，类似的悲剧在不少国家和民族内部也屡屡发生着，尽管提法不同，灾难性的程度也有差异，但作为人类发展史上的重大教训，我们还需要进一步总结反省。

二、主义与问题

20世纪初，当抱有激进情绪或充满浪漫情怀的年轻人，大谈"主义"的时候，胡适先生提出：少谈些主义，多研究些问题。从此，这句话成为他老先生反对青年参加革命的"罪证"。直至新世纪前后，人们痛定思痛，才掂量出此话乃真知灼见。

其实，"主义"最简单的解读就是一种信仰、信念及其相应的思想理念。理想主义、乌托邦主义，从哲学上讲就是"应然"的东西——比如社会与制度等。这些"东西"当然绚烂美好，颇为诱人，但是，如果以为这些美好的、理想的"主义"不分层次，不分阶段，靠一场"革命"就能马上实现，这种简单思维本身就成了问题。这个问题或许就是胡适先生希望研究的问题之一。

再说问题，这是指现实，哲学上谓之"实然"。要走向"应然"，实现理想，首先面对的是现实，只有认清了现实中的问题，深入分析问题，才有可能解决问题，才可能一步步地靠近"应然"。显然，胡适先生希望人们多研究问题并没有错，空谈"主义"倒是要误人子弟乃至误国误民的。

此类问题同样也表现在"新民"与"新人"的"主义"上。回顾历史,无论是"新民"还是"新人",都有"应然"的追求,那就是中国的现代化,都面对着"实然"的问题——培养适应现代社会的具有现代意识与素质的合格公民。但是,众所周知,在中国近代史上,中国现代化的进程曾多次被打断。"新民新人"面对的问题发生了巨大变化,生死存亡成为"新民新人"面对的最大问题,这种"实然"迫使"新民新人"的"应然"目标也悄然发生变化乃至功利化的扭曲。今天我们讲从"主义"回归"问题",就是要从中国现代化的"应然"角度,重新回归与思考"新民新人"的"实然"问题。还是这句话,历史不能改变,现实应当把握。当年的扭曲是历史的宿命,今天还要扭曲就是历史的反动。理想——应然不可放弃,问题——实然更要准确把握;主义不可空谈、玄谈,问题必须认清抓准。

这里,特别要讨论的是:重提胡适先生当年的见解,站在今天的认识水平加以理解与阐释,胡先生并非单指某种主义,而是泛指一切主义,一切空谈玄谈的主义,因为在那个年代一谈主义,由于特定的时代的思维方法,往往易走极端,或浪漫激进,或消极颓废,以致影响到正视现实的问题。胡先生这里讲的问题,应当把握时代背景来理解,至少可以分为常态问题和非常态问题。常态问题是指中国现代化进程中的发展问题,非常态问题则指中国现代化进程被"人为"打断后的存亡问题,比如民族存亡、主义成败。为了解决这类非常态问题,往往不得不用非常的手段与权宜的实用之计。但是,这些手段如果被引入对人的改造,特别是诱导青年的话就必定会产生灾难性后果。所以当这些非常时期的问题过去之后,就应当回归主题——现代化进程,面对常态的发展问题,通过常态的可持续的途径来应对问题。以此鸟瞰百年"新民新人"的历史,有助于我们在一个较为客观和包容的立场上去理解去对待。

这,应该是汉朝人在总结"秦,二世而亡"时所说的那句名言"马上可以夺天下,而不能治天下"的真谛所在——因为用"马上""夺天下"的手段是不能持久"治天下"的。

三、历史与未来

研究历史是为了照亮未来,应站在历史与未来的"间隙"中及时总结经验教训,以今天已经达到的科研水平与理论高度来观照历史,使"来自过去的历史记忆"成为我们今天对"过去的历史记忆",面向未来反思历史,正本清源,避免再次愚蠢地重蹈"历史的覆辙"。同时,也不做"事后诸葛亮",对前人妄加指责,历史的局限性存在于共同体,先知先觉者与错误制造者都是共同体的成员,甚至可能集于共同体的某一人,吸取教训不犯同样的第二次错误,才是面向未来的大智慧。

在中国社会转型的历史关头,只有从本源上去整体性地鸟瞰"新民新人"的百年历史,从人性与社会发展、文化传承与教育担当之本的建构性演进中去分析把握经验教训,从而自觉地实现"新民新人"从无奈而权宜性"生存——功利"取向到智慧而永续性"伦理——人文"取向的飞跃,才有可能使全体国民确立现代共同体意识和合作理性能力,使"新民新人"沿着现代社会轨迹前行,并经过数代人的不懈努力实现从"臣民—国民—公民"的民族性的历史发展,让中华民族真正地站起来,携手共同实现中国梦。我们必须清醒地认识:依赖培养臣民、顺民的路径,不可能培养出新一代的现代公民。

第二节 民族性改造:百年"新民新人"的简要回顾与反思

19世纪下半叶,中国被推进了现代化的进程,富国强兵的国策与"新民新人"的国民教育目标,从此如影随形相伴相生。中国长期专制文化的影响与民族科学教育水平的低下以及经济的落后,加上两次中日战争的爆发,打断了中国现代化的进程;国共两党长期的主义之争,也在相当程度上影响着"新民新人"的取向,使之权宜性的生存对立——功利化的趋向日益强化,而现代性的伦理合作——人文取向则被搁置起来,民族性的发展一度陷入困境甚至倒退。

一、"新民说"的理论与实践

(一)以梁启超为代表的"新民说"理论

1."新民"一词出自中国文化典籍《大学》,在社会变革的背景中,梁启超推出了"新民说"。一般认为,"新民说"围绕"国民改造"问题主要提出了以下观点:

(1)"淬厉"+"采补":国民改造的思想。梁启超认为,"新民云者,非欲吾民尽弃其旧以从人也。新之义有二:一曰,淬厉其所本有而新之;二曰,采补其所本无而新之。二者缺一,时乃无功。""故吾所谓新民者,必非如心醉西风者流,蔑弃数千年之道德、学术、风俗,以求伍于他人;亦非墨守故纸者流,谓仅抱此数千年之道德、学术、风俗,遂足立于大地也。"[①]由此可以看出,梁启超以"淬厉所固有、采补所本无"的指导思想对传统和经验的"一一勘之,一一鉴之,一一改之,一一补之",从而塑造新国民。

(2)把新民德置于"新民"的核心。梁启超提出以道德革命为手段,改造国民性,塑造"新民"理想人格的新国民,以先"新民"实现"新国"。同时,梁启超把"新民"人格具体概括为"公德"和"私

---

① 王德峰:《梁启超文选》,46页,上海,上海远东出版社,1995。

德"两个方面。他认为"公德"和"私德"皆"新民"所必备。若铸造新国民,"必以自培养其个人之私德为第一义"。① 但不知有"公德",也就没有"新民",即"无私德则不能立""无公德则不能团"。②

(3)新民德的特质及其培育。人群之中"人人独善其身谓之私德","人人相善其群谓之公德"。就私德来说,要倡导"独立""自由"的现代品格,推动近代中国人格样态由传统依附性向自主性转变,由保守性向开放性转变。③ 同时,提出"进取""尚武"的精神品质,把其作为理想"新民"人格主体能力确立的核心要素。目的在于通过培养"进步""进取"精神,推动国民性由保守性向进取性转变。通过尚武精神的培养,使每个"新民"具备三种"力量":体力、心力和胆力。就公德来说,梁启超认为,"我国民所最缺者,是公德其一端也。"需要提倡公德,意在根除国民劣下之根性,唤醒国民的责任意识,培养新的国民精神。

作为"新民"的首创者,梁启超的见解深刻而具针对性,影响了几代人。

2. 鲁迅的"立人"思想。鲁迅基于西方历史和中国现实,主张把"立人"作为建立"人国"的前提,又把解放思想、张扬个性视为"立人"之"道术"——即改造国民性的基本途径,这就使鲁迅改造国民性的思想,闪耀着现代精神的光芒,具有鲜明的反封建性质和推动社会改革的实践性品格。④

3. 潘光旦的民族"位育"思想。潘光旦对中国民族性的认知深受民族历史的影响。对于改进中华民族品质的手段,潘光旦从优

---

① 陈书良:《梁启超文集》,194 页,北京,燕山出版社,1997。
② 王德峰:《梁启超文选》,48 页,上海,上海远东出版社,1995。
③ 李金和:《平民化自由人格:梁启超新民人格研究》,94 页,北京,知识产权出版社,2010。
④ 张立芳:《从梁启超到鲁迅:关于国民素质改造问题》,载《山东社会科学》,1998(3),56~59 页。

生学的视角提出了民族位育的思想,也即通过人与环境之间的相互适应,寻求民族秩序的维持和民族进步的取得,即实现民族的"安所遂生"①。由此可见,潘光旦的位育思想一方面强调发挥人在开辟环境、创造文化能力的主体能动性的价值,培养人文精神,另一方面也强调人要正确对待环境,处理人与人、社会、环境的关系。

4. 晏阳初的"整个的人"。晏阳初提出,平民教育的目的是教人做人,做"整个的人",也即有知识力、生产力、公德心。为造就这样的教育,须有三种教育:①文字教育——民智;②生计教育——民生;③公民教育——民德。② 他还围绕着"平民教育的性质",阐述了"平民教育"运动的使命是"作新民"。其主要内容包括三个方面:"一是养成有知识、有生产力、有公德心的整个人;二是养成社会健全的分子,发展社会的事业;三是养成建设国家的国民,增高国际的地位。"作为"新民"理论与实践的集大成者,晏阳初的"新民"设想更具体而有操作性。

5. 储安平提高国民公共心智的全方位深入思考。被称为20世纪上半叶"国民改造问题"研究绝唱的专著《英人·法人·中国人》,是著名学者储安平先生的力作,也可以说是其以深厚的现代政治学素养对当代民族性问题的审视,他揭示了国人公共意识与公共精神的缺失问题,并通过与英国人、法国人的比较,从家庭、学校、社会诸方面揭示了人们缺失现代素质的原因。这是对国民性现代发展的方向与路径有着深刻见解与实际指导意义的理论与实际相结合的研究成果,却生不逢时,湮没在历史的尘埃中,直到20世纪末才被像文物般重新发掘出来。

---

① 潘光旦:《民族特性与民族卫生》,见《潘光旦文集》(第3卷)178页,北京,北京大学出版社,1995。
② 宋恩荣:《晏阳初全集》(第一卷),122~124页,长沙,湖南教育出版社,1989。

20世纪下半叶,"新民说"被贴上了旧民主主义理论的标签,从此淡出了人们的视野,直至改革开放以后,随着沙莲香教授的两卷本《中国民族性》问世,民族性问题、国民性改造等才又重返学术论坛。近年,沙莲香教授又出版了三卷本的《中国民族性》,随着国民素质问题凸显,中国现代化进程中"新民"的理论探讨进入了新的时期。

(二)以梁漱溟、晏阳初、张竞生为代表的"新民实践"

"新民"的实践往往与"乡村建设"联系在一起,尽管有时"乡村建设"的发起人并未将自己的教育及建设实验与"新民说"做太多的挂靠,但从其"乡村建设"的宗旨中,仍看到了明显的"新民"思想。

众所周知,20世纪30年代前后,最有代表性和影响的"乡村建设"的代表人物就是梁漱溟、晏阳初与张竞生。尽管背景、主张、实践路径不尽相同,但是在"新民"这一点上,却都成绩斐然。

1. 梁漱溟的乡村建设实验:邹平模式。从1931年初至1937年底,梁漱溟按照自己的乡村建设理论,在山东邹平进行了两个时期的一系列社会改良实验。

主要做法是:(1)以经济为先。梁漱溟认为,乡村建设事情可归为经济、政治、教育或文化三个方面,而且"必经济上进展一步,而后才有政治改进、教育改进的需要,亦才有作政治改进教育改进的可能"①。(2)创造新文化,救活旧农村。梁漱溟认为,"创造新文化要以乡村为根,要以中国的老道理为根。"②这里的文化内容就是针对农民身上存在的一些不良习惯。同时,"大约此陋习之革

---

① 中国文化书院学术委员会:《梁漱溟全集》(第五卷),227~228页,济南,山东人民出版社,1992。
② 中国文化书院学术委员会:《梁漱溟全集》(第五卷),653页,济南,山东人民出版社,1992。

除,仍靠教育化导功夫为主,不过若无此法令为后盾,则教育亦难施其力。"①(3)兴办乡学、村学。梁漱溟主张以"理性代替武力",将"教育居于最高领导地位"。② 因此将"村学的目标"定位于启发"农民的自觉"。同时,他还强调乡村教育的社会性和民众性。(4)团体组织。梁漱溟认为,"近百年来,西洋文化的战胜,胜于其组织能力,中国民族的失败,败于其散漫无力。"③因此,要消灭这种散漫习惯,就必须培养团体精神。

截至1937年,邹平14乡316村,共建立乡学、村学285处,其中乡学14处,村学271处。④ 由于邹平的乡村建设实验的广泛影响,其也成为全国乡村建设的中心之一和全国5个"县政改革"实验县之一。

2.晏阳初的平民教育实验:定县模式。晏阳初在定县进行的平民教育实验,开始于1926年的中华平民教育促进会(简称平教会)进行局部性的平民教育实验,到30年代,将实验范围扩展为整个乡村生活的改造。

定县模式主要实验思路与做法有:(1)中国的根本问题是"人"的问题。晏阳初等人通过调查认为,这个"人"的问题或缺点可以归纳为四个字:"愚""贫""弱""私"。这是几千年积累而成的很复杂的病,这是一切问题的根本,只有解决这一"人"的问题,完成民族再造,中国问题才能彻底解决。⑤ (2)通过"四大教育"完成"造人"工程。晏阳初提出以文艺教育攻愚,培养智识力;以生计教育

---

① 中国文化书院学术委员会:《梁漱溟全集》(第五卷),776页,济南,山东人民出版社,1992。
② 中国文化书院学术委员会:《梁漱溟全集》(第五卷),567页,济南,山东人民出版社,1992。
③ 中国文化书院学术委员会:《梁漱溟全集》(第五卷),320页,济南,山东人民出版社,1992。
④ 朱汉国:《梁漱溟乡村建设研究》,144页,太原,山西教育出版社,1996。
⑤ 宋恩荣:《晏阳初全集》(第一卷),294页,长沙,湖南教育出版社,1989。

攻穷,培养生产力;以卫生教育攻弱,培养强健力;以公民教育攻私,培养团结力。① (3)三大教育方式。晏阳初为发挥教育的整体性功能时,提出了在农村推行"四大教育"的"三大方式",即学校式教育、家庭式教育和社会式教育。②

定县平民教育实验在"除文盲"方面,成绩尤为突出。据统计,从 1930 年到 1934 年,14~25 岁 82 000 人,文盲数从 60 680 人减少到 32 550 人,比例也从 74% 下降到 39.7%;识字者从 21 320 人增加到 49 450 人,比例从 26% 增加到 60.3%。③

3.张竞生的乡村建设实验:饶平大榕铺模式。20 世纪 30—40 年代,张竞生在家乡广东饶平大榕铺进行乡村建设实验。

其思路与做法是:(1)以复兴经济为中心点,着眼解决农民贫困生活、教育、卫生和治安问题。(2)修建公路,进行资源开发。张竞生认为,先抓修建公路,使山区农副产品外运增值,增加农民收入;再抓林业,建苗圃场和发动农民垦荒造林种果。(3)提倡农村教育。不仅创建了维新小学和启新中学,还创设了农业职业学校,以培养农村技术骨干,并以农校的科研成果为主在县城举办农产品展览会,推广现代农业科技和名优品种,使农科知识普及到农村去。

张竞生创办的农业职业学校,建立了教、科、劳兼顾的教学体制,把教学活动、科技活动和生产劳动密切结合起来。农场和苗圃的建设,也有力地推动了当地农村经济的迅速发展。④

---

① 宋恩荣:《晏阳初全集》(第一卷),247~248 页,长沙,湖南教育出版社,1989。
② 宋恩荣:《晏阳初全集》(第一卷),259~277 页,长沙,湖南教育出版社,1989。
③ 李济东:《晏阳初与定县平民教育》,107 页,石家庄,河北教育出版社,1990。
④ 郑庭义、向安强、左晓丽:《张竞生乡村建设及其对新农村建设的启示》,载《农业考古》,2011(1),366~377 页。

总的来说,这些实验十分关注人与经济、社会、文化教育的共同发展、同步推进,从整体性上解决问题;同时也注重从实际出发,针对问题,系统解决。

然而仍是"生不逢时",这些"新民"的实践,随着中国现代化进程的再次打断,直接被日本侵略者的铁蹄送进了历史的博物馆。据了解,20世纪末曾有学者在当年"乡村建设"的旧地,再次搞起类似的"乡村建设"与"新公民教育",但不知何因很快偃旗息鼓、无疾而终了。

二、"新人"的理论与实践

说起"新人",或褒或贬或"失语",但很少有人将其与提出的特定时代背景和传统的思想渊源加以联系,从而也就较难理解其深层次的生存性、实用主义的权宜性选择取向,也就难以促进其在当今全新的时代背景与丰富的思想资源中,理性而自觉地实现"新人"的现实的、真正现代性转身;更具体地说,就是实现"新人"取向从民族危亡、主义成败背景下的生存现实与你死我活的斗争需要的权宜之计,转向现代化、全球化持续发展背景下合作共赢的长久之计。以上观点决定了本节的阐释重心。

(一)作为乌托邦主义的"新人"理想

在从俄国传来的马克思列宁主义的影响之下,李大钊的"无产阶级新人"、陈独秀的"新青年"思想和毛泽东的"共产主义新人"等一系列的"新人"思想,也在各个时代对人的改造产生着影响。

(1)李大钊的"无产阶级新人"思想。五四运动以后,李大钊的国民性改造目标从原有的以个人主义为核心和"竞争、自利"为特征的资本主义"立宪国民"转向以集体主义为核心和"互助、牺牲"

为特征的"无产阶级新人"的崭新目标模式。① 李大钊的这种"无产阶级新人"思想,强调群众运动和革命改造形式的人的改造思想,由于当时被认为符合了革命救国和未来共产主义建设的需要,逐渐成为影响现代中国发展的主导思想。

(2)陈独秀的"新青年"思想。陈独秀在《新青年》创刊号上发表"敬告青年"一文,提出"敏于自觉、勇于奋斗之青年""新鲜活泼之青年"的观念。这一"新青年"的人格表现为以下六种:"自主的而非奴隶的、进步的而非保守的、进取的而非退隐的、世界的而非锁国的、实利的而非虚文的、科学的而非想象的"。为了培养这样的"新青年",陈独秀提出了"现实主义、惟民主义、职业主义、兽性主义"的教育方针,并特别强调以兽性主义教育来改造国民性。② 显然,兽性主义的主张中体现出民族存亡背景下强烈的生存竞争意识。

(3)毛泽东的"共产主义新人"思想。毛泽东的"共产主义新人",是地位平等、道德高尚,德、智、体全面发展的"纯粹的人"和"社会多面手"。③ 毛泽东把大公无私、毫不利己、全心全意为人民服务以及坚定的无产阶级立场和共产主义信仰作为"共产主义新人"的行为规范和最高准则。他所树立的张思德、白求恩、雷锋就是"共产主义新人"的楷模。塑造"新人"除了改造社会结构等途径外,还包括群众运动、移风易俗和教育革命等三种方式。④ 此外,邓小平的"四有新人"观是在"四个现代化"语境下对毛泽东"新人"

---

① 袁洪亮:《李大钊国民性改造思想的时代性转变——从"立宪国民"到"无产阶级新人"》,载《哲学研究》,2010(11),26~30页。
② 冯建军:《国民性改造的社会支持与教育使命》,载《南京社会科学》,2014(1),123~132页。
③ 赓夫:《论毛泽东的"新人观"》,载《毛泽东思想研究》,1991(1),76~80页。
④ 肖南龙:《毛泽东建国后的国民性改造思想与实践研究述评》,载《求索》,2002(2),38~40页。

观的保留和发展,出于务实的立场,体现了相当程度的"实然"取向,并把重心落实在培养新一代年轻人上。

总的来说,"新人"的理论体现了人类发展的"应然——理想"方向,但忽略或无视了人性的物性特质,是建立在理想化、浪漫化之上的,而如果用刚性的手段去脱离实际强力推行,必然产生灾难性的后果。特别是以群众运动的形式来改造旧人、塑造新人,更可能成为一场又一场的民族自残。这已经为20世纪的历史所证实。

(二)实用取向的"新人"实践的反思

如前所述,"新人"的实践有乌托邦主义的一面,也有极其现实主义的一面,特别是在面对非常态的问题,如民族存亡、主义成败之时,理想也必须服从现实,乃至"应然"也要服务于"实然"。毫无疑问,这在中国20世纪下半叶的"新人实践"中,也不可避免地出现了这种情况:为了无产阶级专政的"实然"需要,马克思的"人的全面发展"的"应然"理想也不得不服从乃至服务于这一"实然"的需要。这个"实然"在今天看来是被人为扭曲夸大而失真的,我们的"新人"之路并非畅通无阻。这是我们在新的历史认识水平上应当加以认真反思的。

第三节 民族性发展:回归问题,明确重心

今天,民族性的发展,应摆脱极端思维,告别极端的理想主义与现实主义,走出不可持续的功利化阴影。无论是"新民"还是"新人",都应从权宜性的生存竞争性取向转变为永续性的伦理合作取向(以实然性人的研究的视角看,这也就是从"人"到"好人"的转变);也就是说,民族性的发展,从理想主义回归问题,首先要明确的问题是:在中国现代化进程中,国民最需要具备或最缺乏的是什

么素养；其次是：如何培育这些素养。首先，人们一般都认为，由于长期的经济、政治与思想的限制与束缚，我们民族在现代化的进程中，最紧迫需要提升的是创新素质；其次，对于何谓现代的创新素质、如何提升的问题，限于篇幅，本章只是提出问题并简单探讨，后面专章将全面论述。

一、民族性发展重心：现代创新素质培育

何谓现代创新素质？最简单的说法就是：创新能力加上共同体意识与合作能力。一个具有独立人格和批判的科学精神，善于提出问题、分析问题，又能以灵活而严谨的思维方式解决问题，在思考问题时，不仅有独到见解，而且善于倾听他人意见，尊重他人、善于合作，并具人文关怀精神的人，就是具备了现代创新素质的人。大量的经验性个案与实证调查研究显示，从传统中走来，在改革浪潮与现代科技中生活的国人，较明显缺失的就是独立思考的创新精神与尊重他人的公共伦理素养，这已经在相当程度上阻碍着现代化的进程。对此，本书相关章节都有所讨论，这里不再赘述。

二、提升现代创新素质与思维科学教育

面对新常态，面对迅速发展的新经济、高科技的风险社会，培育创新与合作能力，正日益成为人们的共识。然而，何以有效地培育创新与合作能力，特别是何以将传统意义上的以生存竞争自我发展为核心理念的创新能力提升为以尊重他人互利双赢为核心理念的现代伦理合作型创新能力，并选择行之有效的培育途径，这是需要进一步探讨的问题。

笔者曾根据自己的多年研究思考，并整合伦理学、社会学的研究成果,将人的素质大致分为以下层次:生存(物质)、生活(伦理)与存在(精神)三个层次,这三个不同层次的素质往往与社会发展的不同阶段相关联。①

　　创新素质作为人类自身发展的重要能力,也具有一种层次性特点,这种层次性总是与人类社会环境变革以及科学技术的发展联系在一起。当人们生活在科技落后、物质匮乏的传统社会中时,其创新素质基本驻足于生存竞争的层面,往往以"脑筋急转弯"之类的功利性创新为取向;当人类进入高科技信息时代的风险社会时,停留于生存竞争层面的创新素质已经远远不能应对高度分工的现代社会需要,人们的创新素质必须向伦理合作层面提升,从而一方面通过大量的合作去完成系统性的创新工程,比如核电工程、卫星工程乃至超大规模的探险救灾工作;另一方面,要将高科技、高风险的现代科学实验关进伦理的笼子,将诸如核能开发、遗传基因研究之类置于伦理规范的约束之中予以人文关怀的引领。所以,现代人的创新素质,不仅包括理念的与时俱进、思维方式的演进、独立人格的确立,还包含着尊重他人、善于合作乃至人类关怀的伦理素养。由此,创新素质的培育,应由生存竞争型逐渐自觉地提升为伦理合作型,或者说这就是实现从传统向现代的转型,实现从人到好人的转变。这里是以科技创新为例来说明问题,其实经济创新、政治创新也是如此。没有合作的竞争是无序的竞争,不能双赢的竞争只会两败俱伤,这可能已经是人类文明高速发展中的铁律。事实上,一个民族、一个国家乃至人类命运共同体要走出面对的种种经济、政治的迷局、乱局,都离不开这种群体、民族、国家

---

① 孙抱弘:《从"人"到"好人"——公共生活与青少年品德养成》,128 页,哈尔滨,黑龙江教育出版社,2013;邓伟志、孙抱弘:《风险社会:我们准备好了吗——对于转型期国民社会教育紧迫性的思考与应对》,载《上海大学学报》(社会科学版),2010(5),16~26 页。

之间的伦理合作型创新大智慧,这已经为历史与现实所一再证明,此处也无需多作引证了。

认识了创新素质的层次性特点及其实现现代性提升的意义,那么选择行之有效的可操作性培育路径,就显得十分重要。放眼世界,以哥伦比亚大学教授马修·李普曼为代表的用思维科学教育开发人的思维创新与伦理合作素质的理论与实践成果,则予我们以极为有益的启示。

近二三十年以来,在李普曼等学者的努力下,世界上不少国家对于思维教育的理论与相应的实践研究已经有了很明显的推进。特别要指出的是,现今世界上不少国家都在研究和开发思维能力的整体性推进方案。比如"教育大国"以色列早在20世纪70年代就制定了全国性的系统化思维教育实施方案,并在实践中不断修正完善,其成果世界瞩目;而亚洲的韩国"不耻下问",在20世纪90年代便派人赴以色列学习,并成功地加以本土化的推广实施。

这些理论与实践无处不体现了培养人的独立人格、批判创新精神与对话交流、协商合作伦理精神的素质取向,这无疑也是一种自觉的、理性的现代教育创新意识。这些研究与经验值得我们认真借鉴。为此,本书将在最后一章中进一步深入探讨。

第八章　价值观培育：从传统走向现代
——"实然性"人的研究视野里现代价值观的养成之路

在当代中国，社会主义核心价值观应该就是现代价值观，所以培育和践行社会主义核心价值观就是培育和践行现代价值观。本章将在此立场上展开。

第一节　社会主义核心价值观的系统解读

人的素质与人的理性紧密相连，价值观作为人的理性要素，也是人、社会、历史文化的系统性产物，社会主义核心价值观的确立、培育与践行有其系统性的背景。本书提出的"实然性"人的研究的假设为我们系统性地解读社会主义核心价值观提供了一个框架，这种系统性的解读不仅有助于认知核心价值观，更有益于我们认同核心价值观，从而为培育和践行核心价值观打好基础。

本节所说的"系统性解读框架"衍生于"实然性"人的研究的思考，主要是将社会主义核心价值观的培育与践行置于"主体间—主体间性—过程性"的思维框架内加以解读，从"人性—国民性—日常生活—实现过程"的多个视角来思考培育和践行核心价值观的针对性、可行性与有效性问题。

培育和践行社会主义核心价值观，从根本上说是一个建构符合时代与社会的发展、符合国民自身需求的价值观的"主体间"的互动过程。作为一项复杂的、人为的系统工程,我们不仅应该把握"应然",更要关注"实然",强化问题意识,针对国情、民性,契合日常生活,并在总结以往相应思想道德教育的经验教训的基础上,实实在在地提高价值观培育和实践工作的有效性。由此,对于价值观培育和践行更应有整体性把握和系统性思考的必要。为此,本节将在"实然性"人的研究已经提供的系统的框架内,思考培育与践行核心价值观的现实针对性、日常可行性与实际有效性等问题。这里还要指出的是,站在现代社会观的立场上,生活在互联网时代、掌握着最新传媒工具的一代年轻的国民已经不是某种价值观的被动的受体,而是现代信息社会中极具活力的主体,甚至是有"反哺"乃至"倒逼"特质的主体,成人社会的责任在于让这些特质在常态的环境中得到最优化的发挥,这本身就是提高培育和践行核心价值观有效性的最重要内涵。这也可说是培育和养成新一代"好人"的全新的背景。

一、一个系统性的解读框架

培育和践行核心价值观是一项系统性工程,也是国民价值理念与行为取向的养成过程,作为一个动态的系统,其基本上由"主体""主体与主体"(也可称之为"主体间")以及"互动过程"构成。(图8-1)。

图 8-1

(一)主体

这里的主体是指全体国民对于核心价值观的准确认同和自觉

践行。当然,国民是分阶层的,精英阶层无疑具有示范作用,要在国家、社会、个人三个层面的践行上起表率作用;大众阶层当然也应践行核心价值观,担当起共和国公民应尽的责任和义务,也要合法有序地维护自身的权利——这本身就是核心价值观的内涵。

作为主体的人的把握,这里就要讲到"人性"与"国民性"的问题或者说是人的特性与民族特性的问题。因为把握了人的特性与民族的特性,将使我们对培育和践行核心价值观,更具针对性与可行性,进而提高有效性。

(二)主体与主体间的互动

这是从以往"主体与客体"的表述发展而来,是将"人—国民"与文化传统、社会环境、信息传播、知识技能与人文教育、家庭与社会影响、同事同学与亲戚朋友交往等作为主体与主体之间的互动来分析研究。强调其互为主体是为了突出其互动影响的复杂性与变动性。

笔者以为,主体之间的互动作用都是发生在一定的时空背景中,也就是发生在日常生活之中;而日常生活则是分层次的,不同生活层次需要不同的价值观引领,并且这些价值观的内涵与性质不可能一成不变。换句话说,对于同一类价值观乃至同一个词所传达的价值观内涵,前现代、现代和后现代的解读将因社会、文化的变迁而产生差异乃至大相径庭。从这个意义上说,我们对于许多前现代的也就是传统社会的价值观念的理解或使用要有新意。这个问题对于后发型的现代化国家来说更需关注,要古为今用,开陈出新。而且,正是这种复杂的变动,往往使得主体间的互动影响关系也会发生量与质的变化。

(三)互动过程

培育和践行核心价值观作为一个动态构建的系统,关注调控其过程性至关重要。以往的传统德育往往只关注理想化的德育目标,却几乎无视并不理想的目标实现过程,以至事倍功半,绩效甚微。培育与践行核心价值观应积极吸取教训、要关注目标内涵与实现过程充分协调与和谐互动,使过程不断为目标实现增加有益反馈,促进"系统"的良性运行。也就是说要解决好目标的切实可行性与过程的协调有效性问题,分析把握主体间的互动过程就是为了最优化地解决好问题。

以上只是提要性地阐述了本节试图建构的一个系统性的思考问题的框架,以下将探讨在系统性的框架内何以实现培育和践行社会主义核心价值观的针对性、可行性与有效性。在相当程度上,以下的讨论也是上述应然性"人的研究"假设在核心价值观这个点上的深入展开。

二、"人性"与核心价值观的培育与践行

从"人性"的视角去思考核心价值观的培育和践行问题,可能有助于我们从较深入的层次上把握培育和践行工作的针对性。鉴于"人性"的假设性,这只能属于一种尝试。

人作为自然和社会系统的主体之一,首先要考虑其作为类的特性,人性的最主要特性恐怕就是"一半是天使,一半是魔鬼",核心价值观的理念与行为取向首要的就是抑恶扬善,就是把人的趋利避害的本能控制在一定的范围里,将人的"幽暗之心"有效地管控起来,将人的"良善之心"充分地调动起来。这里我们先阐释一下人性的大致结构。为了"唤醒天使、抑制魔鬼",有必要更详细地解剖人性,以使我们更有针对性、更自觉地提升理性——天使,扼制物性——魔鬼,让人成为好人。我们对人性的结构做以下假设(见图 8-2):

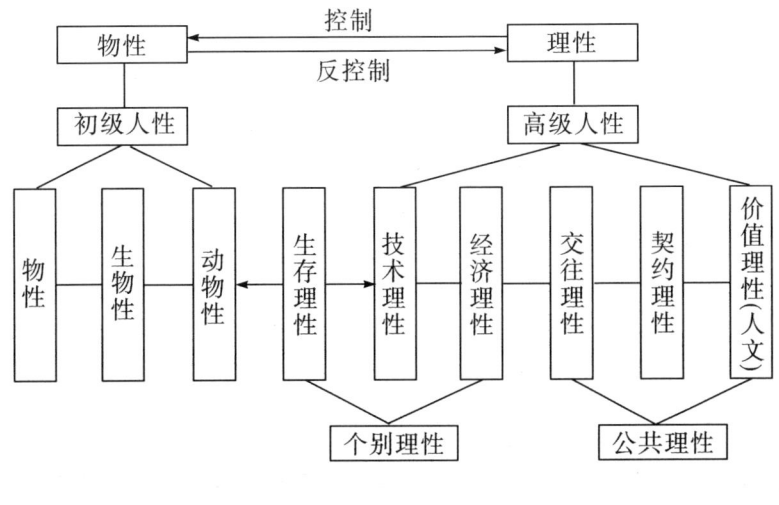

图 8-2

从以上图示可以看出,人类的文明进程,就其自身而言,就是从物性向理性的发展过程,而理性也是分层次递进的,是由较低的生存理性到工具理性,再发展为高级的人文理性。笔者要强调的是,工具理性有较丰富的内涵,但是长期以来由于生存理性的过度膨胀,我们关注的只是知识、技能理性的培育和践行,诸如"知识就是力量""学会数理化,走遍天下都不怕"等,往往成为我们的行动指南;而"书中自有黄金屋,书中自有颜如玉"更是将读书与物性联为一体,成为赤裸裸追求功名物欲的座右铭。人生而具有趋利避害的本能,因此需要以交往合作、契约诚信等工具理性加以调控。知识技能的个体工具理性与交往契约的公共工具理性是人的工具理性平衡、健康发展的两个轮子,缺一不可;否则,社会的运转与发展就会失去均衡,翻车几乎不可避免。

笔者以为,24 字的核心价值观大部分体现了对现代交往、契约理性的呼唤。诸如,个人层面的敬业、诚信和友善,社会层面的平等、公正,国家层面的民主、文明与和谐;而体现核心价值理念的富强与法制更是从经济和制度层面上为提升人的交往契约理性提供了保障。由此可见,培育与践行24字的核心价值观,对于改变低迷的社会风气有明显而突出的针对性与实际意义。

三、国民素质和核心价值观的培育与践行

从国民性或民族性的视角去思考核心价值观的培育和践行,是为了使之更具现实针对性。鉴于我们掌握的实证性材料有限,有关思考仅供参考。

作为"类"之下的"族群"——国民群体(可以是单一民族也可以是多民族),其明显具有族类的特性也就是国民性。生活在不同环境与文化背景中的国民往往兼具类的共性与族群的特质。中华民族在其历史传承中,养成了自己的优秀特质,同时也不可避免地存在着由于长期专制封建统治而积淀的不适应现代社会发展的缺陷。因此,培育与践行的核心价值观,应针对国民素质中的不足加以弥补,以适应现代社会之发展。

根据笔者的调查与相关的文献资料,国民素质的现状与核心价值理念及其相应的素质要求还有相当的差距,这主要表现在两个方面:一是没有具备核心价值观要求的相应素质,二是对核心价值观的解读要在传统的基础上加以发展,充实现代内涵。

其一,践行价值观理念的素质缺陷。

首先,从个人层面看,不少人严重缺乏诚信、友善意识,而信奉"无商不奸""杀熟杀生"、走捷径之类的"丛林"信条,并以之为行为取向;至于"爱国",往往取"犬儒主义"的立场,对别人横挑鼻子竖挑眼,对自己却一味放纵,怨这怨那,毫无责任意识;对于敬业更是不知为何意,只要掌握一点职务或行业的公共权力就会搞个人

交易,毫无职业道德。最可怕的是:有些人已将之视为常态。

其次,从社会层面看,有些人群已经习惯言行不一:一边表面上拥护平等、公正、法治,一边又在实际的行事作为中,拉关系,走后门,搞特权;一面在低迷的社会风气中如鱼得水,一面又脸不红心不跳地大骂社会风气败坏。这类双重人格正可怕地向社会弥漫扩散,严重地侵蚀着社会安全的基石。试想,当伪善成为某些人群的共识和行为取向时,人们还会有社会安全感吗?

最后,从国家层面看,建设富强、民主、文明与和谐的社会主义大国应该是共和国精英阶层的强烈意识与责任所在,但是在相当一部分的精英阶层中并无践行这些核心价值观的意愿,以至堕落腐败,使共和国蒙垢,使党心、民心受伤。

其二,对一些价值理念的误读。这主要反映在两方面:

首先,不能正确把握理念的内涵。比如对民主、自由、平等的理解往往绝对化、片面化,一说自由就无视规范,一说民主就是无视法治的大民主,就不要共识,一说平等就是绝对平均,一说和谐就是一团和气,一说友善就不要批评,一说诚信就只好吃亏,等等。这显示了长期以来形成的简单的极端思维、二元对立思维还严重地影响着我们,这样的思维水平当然也严重影响到对核心价值观的准确解读。

其次,不善于以发展的思路去解读。比如把"爱国、敬业、诚信和友善"的核心价值理念,解读为传统意义上的个人修养。其实,从现代社会的角度看,这些理念及其行为取向既是个人修养,更是人们在日益扩展的公共活动中的必备素质,是现代社会中体现"尊重他者""维护共同体"的基本意识。这里特别需要强调的是,爱国、诚信、友善、敬业等价值理念,古已有之,是优秀的中国文化的一部分,不过受历史条件与社会经济发展的限制,我们往往习惯于从个人修养层面上解读,这是一种个人理性,是每个人可以有不同程度的追求的品性。但是在公共生活日益扩展的现代社会中,这样的理解还需要调整提升,要将之作为一种公共理性来把握,也就是说,这种个人修养已经成为公共社会中的每个成员必备的素养。正是这种素养保证了社会的良性运转,也保证了每个社会成员的和谐生活或曰"福祉"。本书第五章的实证调查中,有不少数据可以佐证以上问题,这里就不再一一引述了。

由是观之,一方面,24 字的核心价值观的培育和践行对于弥补国民素质的不足,具有很明显的针对性、现实性;另一方面,对于核心价值观的现代内涵的正确把握与传播还有很多工作要做,还要做更深入的思考,甚至还有必要通过不断讨论和建构,随着社会主义事业的发展而不断发展完善。

四、日常生活和核心价值观的培育与践行

从日常生活的视角去探讨培育与践行核心价值观的问题,有助于我们从较真实的诸多"主体之间"及其价值理念的相互关联和相互影响入手,使培育和践行工作更具真实性、可行性。

日常生活是主体间互动作用的必要时空,日常生活是分层次的,大致可以分为:"生存—生活—存在"三个层面,围绕着不同的生活层面存在着不同的价值观,而在不同的社会发展阶段人们生活在不同的生活层次上,因此也就会有不同的需求、不同的价值观念和行为取向(图 8-3)。以社会主义核心价值观为内核的先进文化的责任在于引领人类文明的不断进步发展,切实提升社会管理与人际交往的水平,真正提升人的生活质量。

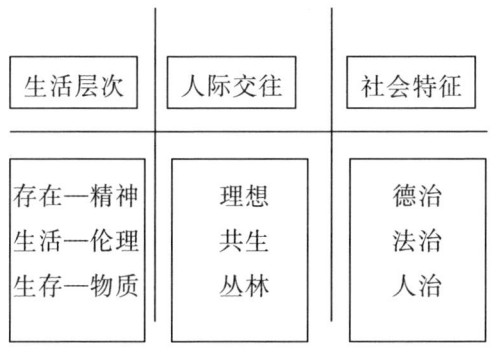

图8-3

以笔者看来,我们要培育和践行的核心价值观无疑都超越了生存物质层面的生活,走出了"丛林时代"的人治社会,体现了对共生共荣的人伦关系与民主和谐的法治社会的崇尚与追求,这可以从国家、社会和个人层面来把握:

从国家层面看,民主、文明、和谐都和日常的人际关系、伦理原则紧密相连,以这样的价值理念治国,是国家走向富强之路、实现民族梦的保证;而一个富强的国家,民主的制度、文明的社会与和谐美满的生活才有可能。

从社会层面看,社会的公正、平等,个人的自由必须要法治来保证;而对自由、平等、公正的准确而科学的理解、践行与维护,也是法治社会的基础。具有正确的自由观、平等观的公民和公正的法治社会,才是富强、民主、文明与和谐的国家的基石。

从个人层面看,爱国体现着个人与国家的关系,富强、民主、文明、和谐的国家,人们加以维护和保卫责无旁贷;敬业体现的是个体与所从事工作的关系。由于现代社会中每个行业都与人们的日常生活关系紧密,只有认真做好本职工作、恪尽职守,才能保障整个社会的正常运转和日常生活的有序进行。敬业的意义已经不再是传统意义上的个人修养,而是现代社会人人必备的公共素养。从以上立场出发,诚信与友善所体现的关于人际关系的价值取向也已经不再是传统意义上的个人修养,而是现代公共生活中,社会共同体成员的必备素养。由现代的立场出发,在日常生活中培育和践行个人层面的核心价值观,一个自由、公正、平等的法治社会才可能建立,一个民主、文明、和谐的富强国家才可能屹立于世界。

以上的阐释大体上反映了"主体间"在价值理念关系上复杂而辩证的互动关系。笔者以为,24字的核心价值观无论是在对人性之"天使"的呼唤中,还是在对国民性之缺陷的关注中,以及对日常生活质量的提升中,都指向了和谐人际关系与美好伦理生活的构建,每一个人都有责任践行与维护、抵制与批评违背者。当绝大多数的人都能自觉地实现与他人、社会环境、国家制度、文化传统的良性互动之时,一个现代的和谐的美好生活就将展现在我们面前。

五、过程性和核心价值观的培育与践行

所谓过程性系源于后现代的"过程论哲学",以"过程论"的视角或立场去思考核心价值观的培育与践行问题,是为了更有效地推进核心价值观的培育与践行。

(一)过程论的意蕴

首先,过程论明确反对静态的、二元对立的传统哲学立场,因此也不追求抽象结论的纯粹客观性与普遍有效性,因为这种"画地为牢"的方法,是不可能觉察和认识包含主观世界在内的复杂事物(比如上述的主体间互动影响过程)的生成过程的,更不用说加以必要的反思与研究了。这里的"主观世界"是指:处于文化传统和社会环境之中的社会个体(主体)的主观世界——毫无疑问,价值观的培育与践行在相当程度上也属于这一"主观世界"。应该说,以上观念较为明显地体现了非本质主义和建构主义的后现代哲学立场。

其次,笔者以为,从上述的立场出发,可以对过程论的主要立场做出比较简明的概括,这就是:强调主体性、关注主体间性、突出动态生成(过程性)——其实,这就是本节提出的系统性解读框架的哲学源头。此外,还要深入认识过程论,严格把握自然过程与人为过程、简单过程与复杂过程的区分,把握在认识这些过程时,要运用与之相对应的人的思维方式,防止以简单的极端的思维去认识人为过程、复杂过程。切忌以简单过程代替复杂过程,用人工过程代替自然过程。

(二)过程论对于科学理念传播与培育的解读

任何知识观念、行为取向的培育践行都是人的社会理性的生成过程,因此都是一个复杂的过程,更是一个人为痕迹明显的过程;这样,尽可能地减少硬性控制的人为成份,增加柔性的、渐进的"自然"成份,就显得尤为重要。具体地说,就是要把知识观念的形成推导、行为取向的得失利弊充分展示出来,通过日常生活中的个案的分析讨论,让人们自己得出结论。这里,成功的展示(含示范)与生动的讨论过程往往就是观念最有效的形成过程。

实际上,核心价值观的培育和践行是一个主体自动、主体间互动的复杂生成过程,对话交流、讨论磋商远比简单灌输更为自然,形象生动的个案展示远比抽象生硬的空洞说教更为有效。当然,对话讨论需要我们有充分的理论底气,形象生动的个案,更需要社会各阶层的共同创造与精英阶层的表率引领。

如前所述,由于24字的核心价值观的目标取向弥补了人性、国民性的短板,回应了转型社会日常伦理生活的需要,所以其较之以往抽象化、理想化的德育目标而言,具有明显的现实针对性与生活可行性。由此,我们如果能在培育和践行核心价值观的工作过程中切实做好以下工作的话,则将大大提升实际有效性:其一,在相关知识的传授、理念的养成过程中,以对话讨论、平等交流的方式展开,让这一过程本身成为相应核心价值观的展示过程;其二,在日常生活中,也就是在各种文化教育活动中,在各类传媒的信息传播中,特别是在社会精英阶层的公共活动中,都应自然而然地显示核心价值观的内涵,这种社会性展示过程无疑是最有效的引领。反之,我们仍有可能陷入事倍功半、拔苗助长的困境。

六、核心价值观的培育与践行和新国民的成长

"少年兴则中国兴",一代又一代的青少年是培育与践行核心价值观的生力军、主力军,核心价值观的培育和践行将在一代代的青少年成长发展中逐步实现。当然,一代又一代的青少年又有着自己的特质与需求。作为网络时代最重要社会主体之一的当代青少年群体,在培育和践行核心价值观中的崭新特质与历史担当主要表现在以下方面:

首先,网络时代的青少年已成为具有强烈的自我意识与鲜明的独立人格的一代。长期的封建集权统治,使得我们的国民不太具有自我意识与独立人格,这明显不利于具有现代意蕴的核心价值观的培育和践行,严重的还会出现南辕北辙的问题。当代青少年在网络生活中,天马行空的自由与不受限制的行动,在相当程度上树立了他们的自信心和独立思考的习惯,从而孕育出强烈的自我意识与鲜明的独立人格,这种现代素质正是其父辈所缺失的。今天,这一代网络青少年正以他们的优势在反哺其父辈,倒逼着上一代人去重新认识自我,去独立思考,也帮助其父辈以更自觉的现代意识去培育与践行新的价值观。

其次,当代青少年也存在着某些素质发展的需求。网络社会在养成青少年自我实现的强烈意愿和独立人格的同时却也在一定程度上制造着不尊重他者、不善于合作的素质缺陷,再加上家庭与学校教育的空白区与误区,当代青少年在这方面的不足正在不知不觉地增长,很明显这将严重影响到具有现代公共意识与公共理性的新国民——也就是现代"好人"的培养。如前所述,核心价值观的整体取向,在相当程度上体现了尊重他者、学会合作的现代公共理性内涵,所以培育和践行核心价值观,对于弥补青少年群体的素质缺陷有着明显的现实意义与深远的历史意义。

那么,对于有着强烈的自我意识与独立人格的青少年如何进行核心价值观的培育,并使其自觉地践行之?笔者以为,积极引导下的自我教育应当是一种较有效的选择。具体说来,就学校教育而言:一方面对核心价值观有知识性的正确讲解与传授;另一方面更为重要的和更为艰难的是转变以往的教学理念与习惯,以更多对话、讨论、交流等形式来开展教学——包括各门学科,让学生在这样的教学形式与氛围中,体会何为民主、平等,何为友善、诚信,何为文明、和谐,甚至何为敬业(教师示范)与法治(校长示范)。核心价值观的培育和践行正是在这种能切身感受到的氛围与环境中逐渐推进发展的。同样,我们可以从学校到家庭,再推向社会,其培育人、引导人的作用是一样的。由此,培育和践行核心价值观的系统关联性、整体推进性特点可见一斑。

当然,系统、整体的推进总是由点到面的,因此,作为"点"的个体、组织如果稍有社会担当的意识,都应"从我做起",这样培育和践行核心价值观就终将从纸面走向行动,终将蔚为大观。

第二节　社会主义核心价值观的建构取向

培育和践行社会主义核心价值观从根本上说,是为了使国民的价值观层次在认识水平层面,从认知到认同,从自在到自觉;在行为取向层面,从基本生存到合作发展,从无序生存竞争到有序共生共荣。这就要在系统性解读核心价值观的同时,从更广阔的视野与更深入的视角去思考一些本源性、前提性或基础性的问题。这些问题大致如下:如何把握当下社会现实的特点,如何认识历史的"遗产",如何面向未来,确立价值观构建的现代意识。对于这些问题的深入思考,应该有助于我们在对现实、历史与未来的把握与选择中,逐步从生存的"自在"状态进入发展的"自觉"状态,从而也使我们对社会主义核心价值观的培育和践行的认识真正地从"认知"走向"认同"。

中国现代化的进程,是经济、社会乃至文化转型的过程,也是思想道德变革发展的过程,社会主义核心价值观的培育和践行是这一变革发展的最重要组成部分。为此,我们必须总结以往思想道德建设的经验和教训,这里的关键在于如何面对现实、历史与未来,进而把握价值观发展建构的指向。笔者以为,这三个"面对"有很多需要思考的问题,限于篇幅,本节主要探讨以下三个问题:首先是面对现实,我们要探讨把握后发型现代化进程的复杂性;其次是面对历史,我们应探寻以现代意识引领传统继承之可能;再次,面对未来,我们要探究以"过程论"的理论指导价值观培育和践行的可行性路径。这三个"面对"无疑会影响到培育和践行核心价值观的深化与可持续发展。如果说上一节是对核心价值观的较为全面、系统的假设性诠释,那么本节则是在此基础上,对培育和践行核心价值观中面临的问题,展开重点的阐析,以期在问题的分析中,更主动地认识与确定核心价值观发展建构的阶段性指向。

一、面对现实:把握后发型现代化进程的复杂性

现代化研究的理论一般都认为,在后发型的现代化进程中,由于试图在较短的时间内走过原发型现代化进程用几百年才走完的路程,所以在社会经济乃至文化转型中往往会出现前现代、现代与后现代现象并存的情况。如何面对这一转型社会发展的复杂现实,如何超越以往的思维定势,以包容、发展的态度去认识与处理这一现实就显得十分重要。

(一)要告别极端思维,转变对立否定的思维定势

我们要以包容发展的态度面对文化转型,去进行文化建设,去培育和践行社会主义核心价值观。一般认为,不同的发展阶段存在着不同的核心价值理念,但是作为人类文明的共同向往与追求,人类的核心价值理念具有趋同性,当然对其内涵的解读则是有历史与民族差异性的,所以价值观的发展应当是一种包容性的发展,也就是说价值观的变化,是与社会、经济的变化相同步的,这种同步性的变化,主要是内涵的发展演变,并不是对原有内涵的全盘否定,而是部分的扬弃与整体的调整组合。众所周知,20世纪是一个极端的年代,极端思维盛行,这是一种简单的对立否定思维,反映在文化转型与价值观建构上,往往是厚此薄彼,以后否前,对传统的简单否定,对反传统的绝对肯定,使民族的文化与价值理念发生断裂,以至无所归依,失去了文化自信与价值自立,成为失去了精神家园的"漂泊者"。社会主义核心价值观的提出,上承传统、下启现代,其内涵具有包容性:以现代意识引领优良传统的现代转型,确立既具有人类共有文明意识又具有民族特定内涵的核心价值理念,培育与践行这些核心价值观无疑是中国现代化进程的关键环节。

(二)要特别关注的是文化的绵延性问题①

文化的绵延性问题是文化研究理论的一个重要观点,"绵延性"主要是指文化演进变化的过程,并不与社会经济的演进变化同步,具有明显的滞后性;同样道理,文化的建设发展也是渐进的、缓慢的,是一个远比社会经济建设更为复杂的过程。② 如果说现代化的进程是一个大系统结构的建筑工程的话,那么其诸多的结构要素中,文化这个要素的转型恐怕是最滞后的。以大文化的视界去看,文化与人类的一切活动相关,可以说是无处不在、无事不有,以至成了"集体无意识"。先进文化的传播,相应的核心价值观的培育与践行,是中国现代化进程中的必要课题,但也是一项人为的系统工程,比自然界的技术工程更为复杂,由于事物认识的无限性和人的认识的有限性,所以任何的人为工程都可能有疏漏环节,有可能出现反复。所以,文化转型、文化建设的过程肯定是渐进的过程,是一个在与其他结构要素的良性互动中缓慢的发展过程;特别是文化转型、文化建设是不可能以激进的、革命的形式,或是以强制、灌输的手段来实现来完成的。大量的事实已对此有了最有力的证明,对于这类反文化的形式和手段切不可误读为是"优良传统"。

总而言之,文化建设的绵延性、复杂性,决定了其发展进程的包容性与渐进性,作为文化建设核心内涵的价值观培育和践行亦是如此。

---

① 孙抱弘、张建:《日常生活重建——从不和谐走向和谐》,载《中国政法大学学报》,2012(5)。
② 同上。

(三)要自觉赋予价值理念以现代含义

一般认为,现代社会是世俗性的大众社会,是公共空间与私人空间得到明确划分,公共利益与个人利益都受到法律保护的法治社会。由此,核心价值观的内涵应是全体国民价值取向的最大公约数;同时,国民在自我实现的同时,也要充分尊重他人的自我实现,在维护个人利益之时也要维护公共利益,比如"敬业",以往习惯的解读是"干一行,爱一行""螺丝钉精神",特别看重"安贫乐业",对简单劳动的从业者的改行与升迁意愿持否定态度;现代的含义则对此有所发展,在肯定"干一行,爱一行"的同时,也肯定"改行"与"跳槽"以争取个人利益的价值取向。另外,对于"敬业"的性质,传统的解读将之视为个人修养,但在现代社会中,每一个职业特别是高科技含量的职业几乎都与公共利益相关,稍有失职,都可能引发公共事件、侵害公共利益,所以"敬业"已不是个人修养,而是从业人员必备的公共素养了。当然,作为价值观其基本内涵必定是有其稳定性的,比如无论是传统的解读还是现代的认知,都有"干一行,爱一行"的含义,这是不变的;只是当我们进一步探究其深层的意义时,则会有不同的附加意蕴——一个从个人视角出发作为"修养""品质"来理解,一个从现代的公共的视角去把握,突出强调的是"公共责任的担当"——因为当人人都将涉及公共利益的工作认真做好,那么其作为公共社会的共同体成员,必将得到高质量的公共服务,在这样的现代共同体中,由于"敬业"的是全体成员,每个成员各尽其职,每个人的生活质量与幸福感都会大大提升。以此类推,不少传统上解读为个人修养的价值观,如"友善"等,从现代社会的立场看,都应赋予更多的新含义。

由此可见,对价值观的认知,从传统的结构性解读到现代的建构性阐释,是我们培育和践行核心价值观的一项前提性、基础性的工作,是其可持续发展的关键环节。

二、面对历史,盘点"遗产",自觉前行

培育和践行核心价值观的工作在相当程度上是面向未来的"应然性"目标的实现进程,在面向未来时,有一个更为实际的问题需要思考,这就是如何面对历史的"实然性"。因为只有直面历史性遗产,把握"实然",才有可能超越"实然"走向"应然"。这里所说的"历史的实然性遗产"主要是指一个民族、一个国家在自身发展的各个历史发展阶段中不断出现的问题以及为解决问题而构建的相应机制、制度乃至文化传统等构成的人的生存环境,这些机制制度曾在历史发展的某个阶段、在社会变革的某个层面,起过相对而言的正功能,但是随着社会、历史的变迁,就可能产生负面作用,这可能是一种不可避免的历史宿命,这也是我们要讨论的历史性"实然"问题。要超越这种"宿命",只有以现代意识加以引领,在创新中继承,在继承中创新。历史性的"实然"问题很多,需要深入地梳理解读,笔者只能"发凡式"地选择比较重要的几个,因为这几个"实然"问题在当今历史阶段极可能或已经对培育和践行核心价值观产生了明显的负功能。

(一)国民素质的历史性缺陷

国民素质的发展,实际上就是人的普遍性发展与人的特殊性发展交融演变的过程,也就是人性在与外在的生存环境互动影响中,其各结构要素不断变化发展的过程。从理论上说,这应该是一个从自在、自然的变化过程逐渐走向可能的自觉、自为的过程。"自在、自然"与"自觉、自为"是两个相对独立又相互联系的阶段,也是一个自循环的结构系统,其结构要素自成体系、自有自身的运转机制。

具体地说,"自在、自然"阶段,应属人类的原生阶段,是人的动物性本能的发展阶段。人类的各个群体处于自我生存发展的需要,必然首先有物质需求,自然追求技术的发展与技能的把握,为了保证最基本的丛林生态,自然寄希望能维持最基本秩序的威权,而威权即人治,人治则必然造就依附性人格。在"自在、自然"的"人性—生存"环境的系统结构内,这些结构要素就是如此"合情合理"地相互联系在一起。这就是笔者所提出的国民素质的"历史性缺陷"。

对于有着反思意识与高级思维能力的人类而言,大多不愿驻足于本能性的"自在、自然"阶段而希望更上一层楼。人类一直在探索这种可能性,特别是在20世纪对各种理想主义的乌托邦进行了代价沉重的试验,但试验的结果令人扼腕,而极端的理想主义更成了民族与人类的自残。痛定思痛,我们当下基本上都将目标定在"民主、法治""公正、公平""共生、共荣"为结构要素的现代伦理生活的建构上——可以说,这些要素与核心价值观十分契合或者说其本身就是我们要培育和践行的核心价值观的基本内涵。[①] 很显然,社会主义核心价值观的提出,一方面标志着我们的国民素质的提升正在进入"自觉——自为"阶段,另一方面也是针对国人现有(实然)素质的历史性缺陷。这一缺陷在中国现代化的进程中,已经产生了种种负功能,切实地弥补缺陷,已经成为横亘在我们面前的必须逾越的障碍。

(二)国民教育的历史性两难

目前,我们的教育制度主要是为了让有限的优质教育资源得到较为公平的分配而设置,尽管如此,其到底能达到何等程度的公

---

① 孙抱弘:《人性、国民性、日常生活、实现过程与青少年群体——关于培育和践行社会主义核心价值观的系统性思考》,载《青年探索》,2015(1)。

平仍受到质疑。不过这只是问题的一个方面。另一方面,人们还很少从公共文化的建设与人的公共理性提升角度去认识其可能的负功能——从20世纪末由"不输在起跑线上"所燃起的社会达尔文主义思潮与过度强调考试、分数的教育现实叠加在一起而形成不择手段的竞争风气,对公共文化所提倡的共生合作精神无疑是巨大的冲击;更严重的是在生存性竞争文化中成长起来的数亿青少年,他们会对共生合作文化持何种态度,《杜拉拉求职记》以及把《甄嬛传》等与当代职场生态联系在一起的社会舆论,似乎已经给出了答案。要使我们的教育制度一方面在公平的竞争中得到合理公平的分配,另一方面又要防止恶性竞争所诱发的冲击公共文化建设与公共理性提升的负面效应,这是一个两难问题,也是我们无法回避的历史性"实然"。不过,只有不断地破解这一问题,培育和践行核心价值观才能真正行进"在路上"。实际上,在中国现代化的进程中,还有更多的这种两难问题等待我们去破解。当然,破解的前提是承认并关注这些"实然性"的两难问题,而非只谈"应然",不见"实然"。

（三）文化传播的历史性失误

文学是人类思想文化的折射,也是人类生活的写照。文化传播的核心内涵之一是对文学作品的解读。以《三国演义》《水浒传》《三侠五义》和"三刻二拍"等为代表的一系列古典文学作品是中国传统社会的"庙堂文化""江湖文化"以及"市井文化"的传播载体。这些作品在深刻揭示封建专制制度导致人性扭曲的同时,也大大渲染着尔虞我诈的权谋术与拉帮结派、江湖义气的丛林生存术,以及感官享受生活。这些以文学作品形式传播的各种意识,为不同的人群出于不同的目的而接受,在相当程度上成为各自取所需的"生活教科书"。当我们要从"自在—自然"的历史阶段走向"自觉—自为"的历史阶段之时,当我们要培育与践行社会主义核心价值观之时,我们就必须正视这些历史的"实然性"遗产,而不可"全盘接受",也不可"新瓶装旧药"。这里特别要指出的是,对于这些封建糟粕的梳理、切割与剥离,不能只是在表面上呼吁批判一下,而是要深入生活的方方面面,从制度与机制上进行深入思考、清理与剔除。唯此,体现"自觉—自为"的历史发展方向的核心价值观的培育和践行,才会有坚实的基础。

三、面对未来:以过程理论指导价值观构建

如果说,上述所讨论的内容所涉及的主要是确立与传播核心价值观的外环境的建构问题,是一个如何面对历史与现实的问题;那么,以下我们要探讨的主要是社会个体在培育养成与实践奉行中的"内环境"建构问题,内外环境的并重同步,可能是我们突破从认知教育到认同践行之瓶颈的关键。笔者以为,探讨这个问题,应当面向未来,这里建构主义的"过程理论"仍然可以给我们以启示。或许可以说,这也正是我们面向未来摆脱历史宿命、从自在走向自觉的一种努力。

(一)过程论要义的阐释

首先,如上一节所述,过程论不同意静态的、二元对立的哲学立场,因此也不追求抽象结论的纯粹客观性与普遍有效性,因为这种"画地为牢"的方法,是不可能觉察和认识包含主观世界在内的复杂事物的生成过程的,更不用说加以必要的反思与研究了。这里的"主观世界"是指:处于文化传统和社会环境之中的社会个体的主观世界——毫无疑问,个体对价值观的"认知—认同"就属于这一"主观世界"的生成。

其次,笔者以为,深入认识过程论,就还要严格把握自然过程

与人工过程、简单过程与复杂过程的区分,把握在认识这些过程时,要运用与之相对应的多维度、多层次的思维方式,防止以简单的极端的思维去认识人为过程、复杂过程。切忌以简单过程代替复杂过程,用人工过程代替自然过程①。

自然过程的特点在于其渐进性、系统诸结构要素整合的自洽性,而人为过程则由于对象的无限性而人的认识的有限性,因而对过程发展的掌握往往具有不确定性,对诸结构要素的良性互动(自洽性)具有不稳定性。为此,人为过程要尽可能吸取自然过程的一些特点,比如,渐进的发展,以试错、证伪的方法探寻结构诸要素良性活动的可能性等十分必要。就某个理念的形成、某种行为取向的认同而言,这种渐进的探寻就是诸多作为主体的个体在相互尊重的前提下,对话交流、切磋协商、包容学习、自我教育的过程。这个过程是学习认知的过程,也是接受认同的过程。核心价值观的培育和践行过程就应该是这样一个过程。传统的灌输型的思想道德教育过程所以见效不大,除了其内容的过度理想化之外,对于人为过程的简单认识与居高临下的"培育"方法,也是重要的原因。换言之,传统的灌输性的理想教育,只能使后知后觉的芸芸众生对于教育目标的认识止步于基本的认知,很难产生自觉的真正的认同。

(二)价值观:何以从认知走向认同

培育和践行核心价值观,就社会个体而言,实际上是一个从认知到认同的过程,只有使这个过程成为个体感知核心价值观的内涵和体验核心价值观对于自身发展之价值的过程,核心价值观才会真正融入个体的"主观世界",成为指引其日常生活的行为依据,这里有两个环节极为重要。

---

① 孙抱弘:《德育的现代性发展之路》,载《江西职业学院学报》,2014(4)。

首先,要使培养教育的过程成为个体对价值观内涵的感知过程。培养教育首先是一个认知的过程,个体被动认知与主动认知的效率有着巨大的差别,而且主动认知本身就内蕴含着核心价值观的含义。所以,使较为传统的灌输式的"被培育"转变为较现代的讨论式主动受教育就显得极为重要,教育者与受教育者之间的对话交流、切磋讨论以及相互倾听、相互学习,都无形中体现了核心价值观的理念与追求。正是在各种各样的学习教育中,人们感受到了平等、民主、友善、和谐等价值观念,并且逐步地将之融入自己的日常行为之中。由此,人们就会从主动的认知感受中进入认同践行之中。

其次,还要关注的另一个环节就是,要使个体在日常生活中不断体验到践行核心价值观对于自身发展与社会发展的价值之所在。这里最主要的是两个方面:一是善恶必报的法治机制与社会舆论,二是社会精英的引领示范。笔者以为,近年来,这两方面的工作已有长足的进步,成效很大,不过也有些不足之处。比如,社会传媒扬善批恶时,较少自觉地对价值理念加以现代含义的充实,其中,对发生在公共场合的某些危害公共安全的行为,往往仅斥之为不文明行为、有损国格等。至于示范问题,政府官员、财界大鳄之类责任重大,但对于个体而言,日常生活中的家长、校长、班主任、老师、厂长、经理之类的"法治意识"、敬业追求、民主精神以及符合核心价值观的行为取向也十分具有示范意义,是让人反复体验的重要源头,也应引起更多的关注。

总而言之,我们从历史中走来,置身于现实存在中,面对不确定的未来,只有把握现实,摆脱历史宿命,确立现代意识;放下包袱,走出两难困境;认清未来进程,提倡科学态度。由此,培育和践行社会主义核心价值观才有可能从意向变为现实、从宣传融入生活。

第九章　好人培养的实践：
　　　　从生存竞争到伦理合作
——以思维科学教育提升人的现代素质的可行性

现代意义上的创新素质,不仅只善于独立思考、创造思维,更包含着尊重他人、善于合作。有研究者的科学实验证明,系统的思维科学教育,是提升人类现代创新素质的重要途径。从这个意义上说,思维科学教育也是培育具有现代价值观的"好人"的可行而有效的路径。

培育提升国民的创新与合作素质,正成为全民的共识。如何认识现代创新素质的内涵?如何选择行之有效的可操作性的提升创新素质的路径?本章在总结归纳当代世界思维科学教育理论与实践成果的基础上,仍以"过程论"的现代哲学立场,提出本土化的思维科学教育建议,以期切实有效地助推当代国人现代创新素质的提升。

第一节　思维科学教育的特点及其理论与实践的发展

在中国现代化的进程中,面对迅速发展的新经济、高科技的风险社会,培育和提升自身的创新与合作能力,正日益成为国人的共识。然而,何以有效地培养国人的创新与合作能力,特别是何以将传统意义上的以生存竞争为核心理念的创新能力提升为以尊重他人为核心理念的伦理合作型创新能力,并选择行之有效的培育途径,是本章试图加以探讨的问题。

一、创新素质的层次性特点及其培育路径的探寻

笔者曾根据自己的多年研究思考,并整合伦理学、社会学的研究成果,将人的素质大致分为以下层次:生存、生活(伦理)与存在(精神)三个层次,这三个不同层次的素质往往与社会发展的不同阶段相关联。①

创新素质作为人类自身发展的重要能力,也具有一种层次性特点,这种层次性总是与人类社会环境变革以及科学技术的发展联系在一起。

当人们生活在科技落后、物质匮乏的传统社会中时,其创新素质基本驻足于生存竞争的层面,往往以"脑筋急转弯"之类的功利性创新为取向;当人类进入高科技信息时代的风险社会时,停留于生存竞争层面的创新素质已经远远不能应对高度分工的现代社会需要,人们的创新素质必须向伦理合作层面提升,从而一方面通过大量的合作去完成系统性的创新工程,比如核电工程、卫星工程乃至超大规模的探险救灾工作;另一方面,要将高科技、高风险的现代科学实验关进伦理的笼子,将诸如核能开发、遗传基因研究之类置于伦理规范的约束之中。② 所以,现代人的创新素质,不仅包括理念的转变、思维方式的演进、独立人格的确立,还包含着尊重他人、善于合作乃至人类关怀的伦理素养。由此,创新素质的培育,应由生存竞争型逐渐自觉地提升为伦理合作型,或者说这也就是

---

① 孙抱弘:《从"人"到"好人"——公共伦理生活与青少年品德养成》,127页,哈尔滨,黑龙江教育出版社,2013。
② 邓伟志、孙抱弘:《风险社会,我们准备好了吗——对于转型期国民社会教育紧迫性的思考与应对》,载《上海大学学报》,2010(5)。

实现从传统向现代的转型。从根本上说,这也是让人逐步成为有智慧、能合作、讲友善的"好人"的可能性之路。培养这样的"好人",在当今无序纷争的世界里对于民族乃至人类都是有重要意义的。我们或许可以说:人类"好人"群体的盛衰可能将在极大程度上影响人类自身命运的兴盛。

当我们认识了创新素质的层次性特点及其实现现代性提升的意义,那么选择行之有效的可操作性培育路径,就显得十分重要。放眼世界,以李普曼为代表的用思维科学教育开发人特别是青少年思维创新与伦理合作素质的理论与实践成果,以及当今东西方学者对思维风格的深入研究,则予我们以极为有益的启示。

二、以李普曼为代表的思维科学理论和普及性实验研究

根据思维科学的理论与实践经验对年轻一代进行思维及其创新能力的开发与培养,国际上比较通行且行之有效的实验方法大致有以下几种,其中以哥伦比亚大学儿童哲学教授李普曼的实验研究最为著名。

(一)思维训练与教育的几种主要理论与方法

近二三十年来,世界各国越来越重视人特别是青少年的思维及其创新能力的培养。很多学者认为,思维教育应从娃娃抓起,他们倡导,从小学起就应开设这方面的训练课,作为儿童哲学教育的一个最重要内容。训练的内容丰富多彩,可以是校内训练、社会活动,也可以是课堂讨论,其主题则是提高青少年的认知能力、问题解决能力,特别是创造性能力的培养。这个"认知加速方案"在20世纪80年代和90年代就已在英国部分小学里实施,现今已全面铺开。

在英国对青少年的各种思维技巧开发教育中,最著名的理论要属爱德华·德·波诺的"水平思考"问题解决工具。另一种理论就是美国著名哲学家马修·李普曼提出的"儿童哲学"理论。李普曼认为,思维方法的训练是可教的。他注意到,一般来说,教育者经常要求青少年记牢向他们灌输的知识,而不培养青少年的独立思考能力,这使他想到开发一种课程,在这种课上施教者和受教者一起阅读一些专门设计的故事或"小说",然后讨论这当中引出的一些问题和异常之处,以此来开发和培养受教育者的思维及其创新能力。这些问题来自于青少年的兴趣所在。这种培养青少年思维技巧的施教者和受教者以及受教者之间的互动的方法被称作"儿童哲学"。

另一种开发思维技巧的方案来自鲁文·弗尔斯坦。该学者专门研究二战末期进入以色列的年轻移民的认知评价能力。他的方案是通过认知测试改善年轻人的学习效率。他设计了一些合适的活动来应对青少年在各类学习活动中的各种难关并丰富学习过程。这些活动被称为"工具",因此这种方法被称作"工具丰富计划"。

上述"认知加速""水平思考""儿童哲学"和"工具强化"是近二十年来开发的几个现今国际上较流行的教授思维技巧的主要方法。其中,李普曼的方法已在很多国家被开发运用,下面有必要再重点解读一下该理论。

(二)李普曼的理论与实验

美国哥伦比亚大学著名哲学教授马修·李普曼认为非常有必要在中小学阶段就为青少年开设哲学课,以开发和培养他们的思维及其创新能力。

李普曼作为杜威的弟子,其理论与人文主义教育学家的观点一脉相承,充满了人文关怀的精神。他赞同法国近代启蒙思想的先驱、著名作家蒙田的论断:"儿童不是一个可以塞满东西的瓦罐,而是一团可以点燃的火。"他希望儿童能被培养出一个很好思维的脑袋,而不是一个装满东西的脑袋。他说,应该把青少年培养成有批判精神和怀疑精神的人,而不是把成年人自认为正确的结论灌输给他们。因此,李普曼在20世纪80年代提出了他的"儿童哲学"的理论,并在其后的二三十年里丰富、发展了该理论,直至他于2010年底去世为止。李普曼的"儿童概念"指的是"小学到中学结束时的儿童",因此我们可以认为其"儿童哲学"也可称为"青少年哲学"。

李普曼认为,思维教育就是教会青少年如何独立思维、正确思维的科学。在论述了如何教会学生以批评思维和创新思维为主要特征的优胜思维后,李普曼强调了要把教育的主客体变成一个"探究共同体","探究共同体"可以保证青少年学习得更有效率,因为它的基础是合作。在这样一个"共同体"里,孩子们互相倾听、互相提问、互相借鉴他人的想法,说明持某种观点的理由,寻找例证与反例证,进行比较,说明使用某例证及字眼的原因,互相帮助以便理解对方,提出结论与反结论。为此,要使用对话的方法。对话的过程就是寻求逻辑思维的过程。对话的过程也是一个迂回前行的过程,并不直奔目标。在这个过程中,"共同体"的其他成员也一直处于跟踪对话进程中,并把对话进程中反映出来的新思想、新观点、新理由纳入自己的思考范围。因此,"探究共同体"体现了一种集体学习的精神,体现了一种分享经验的价值观。

在这个过程中,我们也能体会到青少年之间的交流对于知识的构建是非常重要的。李普曼认为,一个人是同时学会思考和说话的。因此,必须在年幼阶段锻炼一个青少年的语言能力和思维能力。正如奥克肖特所言:"一个孩子正是在出生以后,通过交流逐渐获得了思维举止和品德举止。"又如布鲁纳所言:"语言能力的获取过程同时伴随着逻辑能力的取得,而逻辑能力的取得又离不开思维能力的取得。"对于人类学家、教育学家来说:"话语是一个人思维行为的基础,而由一定结构组成的语言又是能形成一定结构的思想和推理的基础。"因此,这种"集体说话"和"朋辈间探究的精神"是"思考性口语"的真正实践:参与者必须对他们使用的字眼进行定义,提供例证和反例证,进行论证,等等。"探究共同体"为孩子提供了思考、倾听和表达的机会。孩子们正是通过了这样的练习,思想才变得更加独立,不再鹦鹉学舌,而是形成了一种自己对复杂世界的判断能力,成为一个真正的"思维健全的人"。笔者以为,更为重要的是,"探究共同体"从小培养了青少年相互倾听交流、对话合作、求同存异的意识与能力。这就把一种处于生存性、个人发展性层面的思维训练提升到一种生活性、相互合作共同发展的伦理层面,使得冷冰冰的技巧训练融入了人文性的、促进相互尊重倾听的伦理道德内涵。这种融入与结合是何等的自然贴切!

最后,这位为了提高"儿童哲学"能力而努力了几十年的李普曼教授为青少年"儿童哲学课"的开设提供了具体的工具。李普曼认为,这种思维训练可以每周安排两次,一般不超过一小时。他和他的搭档安娜·玛格丽特·夏普一起编写了七本实验指导著述,每本可供不同年龄段的青少年使用,这是七个有一定长度的哲学故事,书中的主人公都是与受教育者年龄相仿的,以便他们模仿。书中的主人公思索的都是有很高人类学水平的重要问题。编写时参考了皮亚杰关于青少年认知分阶段的理论。李普曼还就如何使用该工具、传授教案、增加"共同体"的凝聚力、如何做练习等提出了具体细节。总之,他把"使每个青少年更具智力和判断力"作为其思维教育的首要目标。这个观点体现了李普曼自觉地将思维能力训练与公共社会伦理教育结合起来的一种人文指向。

由此可见,近二三十年以来,在李普曼等学者的努力下,世界上不少国家对于青少年思维教育的理论与相应的实践研究已经有了很明显的推进。特别要指出的是,现今世界上不少国家都在研究和开发思维能力的整体性推进方案。比如"教育大国"以色列早在 20 世纪 70 年代就制定了全国性的系统化思维教育实施方案,并在实践中不断修正完善,其成果世界瞩目;而亚洲的韩国"不耻下问",在 20 世纪 90 年代便派人赴以色列学习,并成功地加以本土化推广实施。

总而言之,以上这些理论与实践无处不体现了培养青少年独立人格、批判创新精神与对话交流、协商合作伦理精神的素质取向,这无疑也是一种自觉的、理性的现代教育创新意识。这些研究与经验值得我们认真借鉴。笔者认为,学习与借鉴这些研究成果,一方面要避免"穿新鞋走老路",将其纳入传统的教育轨道,以至南辕北辙,陷入"脑筋急转弯"之类的纯技巧与投机取巧误区;一方面也要防止将尚在发展完善中的思维科学及其普及教育理想化、夸大化,以为能在一个"晚上"就能快速提升青少年的现代素质。

第二节　世界思维科学与普及教育研究的最新趋势

新世纪以来,东西方学者对人的学习和发展问题做了很多调查和研究,这些调查研究主要集中在对人特别是青少年思维风格的深度分析上。这里比较有代表性的是斯藤伯格的"思维风格"理论及其追随者的科研成果。思维风格与人们最喜爱的信息处理方式有关,它们与"能力"的概念不同,后者表示能够做什么,思维风格则表示个体对能力体现的方式的偏好。

著名心理学家斯藤伯格认为,正如管理一个社会有不同的风格一样,人们对于其"能力"的管理能力也不同,这些不同的使用能力的偏好被解释为"思维风格"。该理论描写了十三种思维风格(见表9-1)。新世纪前后,东西方学者以此为出发点,推动了思维教育的多方位展开。

表9-1 自主行为控制理论中所涉及的"思维风格"一览表

类型	思维风格
类型一	立法型:喜欢带有战略创新特点的工作;喜欢选择自己的活动
	司法型:喜欢衡量、评价他人工作
	等级型:喜欢将各种任务按其价值进行优先排序
	总体型:喜欢关注一件事情的总体情况和关注抽象概念
	自由型:喜欢做含有创新和模糊特点的工作
类型二	行政型:喜欢做有执行性、有层次性的工作,喜欢按导向开展工作
	君主型:喜欢在特定时间关注同一工作
	地方型:喜欢完成有具体细节的工作
	保守型:喜欢完成已制定好规划的任务
类型三	寡头型:喜欢事无巨细地同时完成多种目标
	无政府型:喜欢完成灵活性的工作
	内向型:喜欢独立完成任务
	外向型:喜欢集体完成任务

香港学者张丽芳将这十三种风格归为三大类。第一类更偏向"创造能力生成型",包括"立法型""司法型""等级型""总体型"

和"自由型"。第二种类型更具"标准遵守型"的倾向,包括"行政型""地方型""君主型"和"保守型"思维风格。第三类风格可以表现出第一或第二类风格的特色,根据专门任务的风格要求表现出不同的认知水平,包括"无政府型""寡头型""内向型"和"外向型"。

学者们运用各种调查方法,就思维风格对于青少年学习风格和行为风格的影响做了调查,得出了以下的结论。

一、思维风格对青少年学习风格的影响

从广义上讲,思维风格的关键作用可以从两方面表现出来。即学习过程和学习结果。学习过程从以下理论中可以得到反映:比格斯的"学习方法理论"(1992)、阿特金森的"成就动机理论"、施罗与丹尼森的"元认知过程理论"(1994),而学习结果从青少年的学习成绩上可以得到反映。

(1)"学习方法"与思维风格:根据比格斯(1992)的研究,学习者一般运用三种方法学习。"表层学习"为了达到最低要求,对所学的内容进行表象反映;"深层学习"对学习内容进行真正意义上的理解;"完成学习"包括了个人成就的最大化的学习。学习方法和思维风格的关系问题是一个重要的研究领域。各种调查结果表明,总的来说,我们可以把那些更喜欢"深层学习风格"的青少年归为第一类,而在第二类思维风格中得分较高的青少年更倾向于"表层学习法"。

(2)"成就愿望"与思维风格:第一类思维风格对接近成功的成就愿望有贡献,同时,调查结果发现,第二类思维风格的人对接近成功的成就愿望可能呈负关联。

(3)"元认知"与思维风格:"元认知"指的是思考理解的能力

和控制一个人学习的能力,三种与创造性有关的风格("等级型"、"自由型"和"立法型")和"行政型"风格与元认知水平呈正关联。

(4)"成就"与思维风格:研究表明,第一类——"司法型"和"立法型"思维风格与青少年在不同学科的学业上取得成功呈正关联;类型二——"保守型"风格与青少年学业平均分数呈正关联,而类型一——"总体型"和"自由型"则与之呈负关联。

二、思维风格对青少年行为风格的影响

西方和香港学者就以下问题都做了调研,结果表明,思维风格除了对学习风格有影响之外,对青少年行为风格也有很大影响。

(1)认知发展和思维风格:调研结果表明,在高水平认知发展中思维的青少年一般展现出一系列广阔的思维风格,而在低水平认知发展中思维的青少年一般表现出一系列较窄的思维风格,尤其是第二类——亦即表现出"标准优先型"的风格。

(2)情绪风格与思维风格:接受试验的香港大学生表明,第一类思维风格与他(她)们的负面情绪的控制能力有关联,和正面情绪提高能力也有关联。

(3)身份发展与思维风格:第一类思维风格与青少年对自己身体和外表的自信呈正关联,第二类风格则与其呈负关联。但调查结果显示这些与他们的性别并无直接联系。

(4)职业兴趣与思维风格:调查表明,第一类思维风格的青少年对社会工作与企业职业有兴趣,第二类青少年则对传统型保守型职业类型有兴趣。

(5)人格发展与思维风格:学者们就思维风格与四种人格关系进行了调研,结果发现第一类思维风格的青少年与"开放型""认真型"人格呈正关联,而第二类风格与"不受欢迎型"人格相关联;第一类以及"外向型"与焦虑型人格成反比,第二类思维风格与焦虑型人格成正比。

(6)心理发展与思维风格:调查显示,第一类风格与青少年心理发展呈正关联,第二类风格(尤其是"君主型"和"保守型")与之呈负关联。其中"外向型"与心理发展呈正关联,"无政府主义"型与之呈负关联。

(7)心理健康与思维风格。心理测试结果表明,第一类中得分较高的青少年心理发展一般较健康,而第二类中得分较高的青少年,尤其是那些在"地方型"和"君主型"中得分较高的青少年在抗恐惧焦虑、抗强迫症状和抗精神错乱方面得分也较低。

以上调研和心理分析表明,"类型一"风格的青少年发展较健康,"类型二"的青少年(如"标准因循型")则发展较易受制约。更进一步说,就是思维风格实际上关联到人的各种素质,思维风格的完善调整与青少年的成长息息相关。思维风格如何形成、何以调整转变将成为未来思维科学和思维教育展开的新的重心,这就意味着,对思维风格的进一步深入研究并将研究成果加以普及极可能成为思维科学与教育研究的大趋势。把握这一趋势,无疑也有助于我们更高屋建瓴地推展青少年创新素质的培养工作。

第三节 以思维科学教育提升现代创新素质的思考

行文至此,笔者感到,有必要对当代思维科学及其普及教育——这里用本土化的表述就是:青少年现代创新素质的养成教育,加以归纳总结和比较分析。具体地说,就是从纵向上把握当代世界青少年思维教育的发展趋向,从横向的比较中把握当代中国青少年思维教育的发展趋向。

一、关于思维科学研究与思维教育发展的趋向

(一) 思维科学研究

近二三十年来,思维科学的研究正从一般性思维技巧的简单研究走向人的整体性思维风格的复杂研究,这是思维科学研究的质的飞跃。这预示着研究已经从单学科走向多学科,从个别的能力素质的开发研究深入到对人的素质发展的全面关注。当我们在人们思维风格的形成和思维风格转变的可能性研究上有新的突破之时,就可能是人的素质的真正提升之日——作为现代人素质的结构性要素的创新素质当然也蕴含在内。

(二) 思维科学的普及教育

与基础理论研究同步,近二三十年的思维科学教育实践也有着长足的进步,并推动着思维科学建设的前行。目前,思维科学教育大体呈现出这样的发展态势:从思维技巧的点式传授走向思维能力、思维方法的系统性学习,从结论性讲授到过程性展现学习讨论,从单科目的专门学习扩展至各科目的融合性学习。当然,这一发展过程是渐进的,各种教育方案的设计要求有相应师资的培养配置,需要投入大量的人力、物力。我们常把人的创新素质视为一种软实力,那么从提升国家与民族软实力的角度思考,这种投入是值得的。

(三) 思维教育与伦理道德教育的结合

这里,特别值得关注的是,当今世界的思维教育正在与现代公共伦理素质的培养有机地结合起来。具体地说,就是这种教育不仅重视教育结果——提升思维水平,培养创新能力,同时,也非常重视教育学习的过程——通过平等对话、相互倾听、集体探讨,提

升共同体意识和合作能力,这些意识和能力是现代社会公民必备的伦理素质。由此可见,现代人的创新素质要实现从传统的生存竞争层面向现代的伦理合作层面的提升,思维科学教育中结果与过程的有机结合,无疑是最佳的实现路径。思维教育过程的充分展开,大大有助于国人及其青少年现代创新素质的养成,思维教育的过程与结果正是如此默契地相互呼应、培养着现代公民最重要的素质。

这里特别要指出的是,世界思维科学教育的最新发展对于我们中国社会及其教育工作者最宝贵的启示在于,创新与合作等现代社会生活必备的素质养成,必须从娃娃抓起,必须选择一条科学有效的培养路径。以过程论的哲学立场去指导当代的青少年教育是一种必然的趋势,这也是对那种灌输性的将结论简单塞给受教育者的教育理念的一种冲击和突破。当我们把知识与理论传授的过程充分展开,让青少年在讨论对话、相互尊重、相互倾听的氛围中进行思考交流,那么一次次的交流、切磋中培养出来的青少年,必定是人格独立、尊重他人、善于交流、敢于创新的现代人。我们是动机效果的统一论者,应该是彻底告别简单的灌输式教育的时候了。

二、关于当代国民思维教育的现状与发展的趋向

(一)中国大陆思维科学与教育的现状

20世纪80年代,两弹元勋钱学森教授在从事硬科学工作的同时,也极有远见地重视软科学的发展,特别是对思维科学的重视。他认为:思维科学是与自然科学、社会科学并立的科学;并指出:中国在思维科学上有赶超世界的可能。他身体力行,与科普大师高

士其联手组织了一次次学术研讨会,也出版了不少著述①。当时,也有不少学者写出了一批有一定学术价值的专著。但是,随着这些学者的老去,思维科学的普及、思维教育的实践没有推展开去,特别是教育界基本上是应者寥寥。新世纪以来,华东师范大学最年轻的教授郅庭瑾出版了两本思维教育的专著②,对于教育界的思维教学有所推动,但并未激起"千层浪",似乎热闹一下后又归于沉寂。2012年,随着《光明日报》编辑部就思维科学举办的一次座谈会,一些科研部门与地方纷纷成立了相关的研究中心与学会,但迄今尚未见更大的动静,也未见系统性的普及性教育实验研究成果的出现。

(二)国民思维科学教育的发展趋向

近几年来,举国上下大多知道"钱学森之忧",却少有人知道"钱学森之思"(首倡思维科学)。改革开放三十多年来,我们极为重视创新,呼唤创新,但是自觉地将思维水平的提高——诸如调整思维风格、转变思维方式、丰富思维方法等与创新联系在一起还是不多,而且更没有想到将此与提高人的合作能力、伦理意识这些现代创新素质的重要组成部分联系起来,这就往往导致想创新而不得其路径的情况。而这一情况的出现,也往往与我们长期忽视思维科学教育,或者说没有有效实现理论与实践的结合密切相关。

此外,在中国现代化的进程中,国民缺乏共同体意识和合作能力的问题日益明显,它在相当程度上制约着中国的现代化进程。思维教育的过程正是国民公共伦理素质提升的重要途径,无论是青少年还是成人都可以通过各种途径的思维教育以提升相应的伦

---

① 钱学森:《关于思维科学》,上海,上海人民出版社,1986。
② 郅庭瑾:《为思维而教》(第二版),北京,教育科学出版社,2007,《教会学生思维》,北京,教育科学出版社,2001。

理素质。

由此,中国的思维科学教育必须尽早启动。哲学界、教育学界和心理学界乃至社会学界、伦理学界应实现跨界联合,展开理论与实践相结合的实验性研究。作为政府的教育部门乃至社会组织应尽早牵头"顶层设计"与"摸着石头过河"相结合的实施方案,以解"钱之忧",为实现现代化打好软实力基础。

参考文献

1. 费孝通. 费孝通论文化与文化自觉[M]. 北京：群言出版社,2007.

2. 王治河. 樊美筠：第二次启蒙[M]. 北京：北京大学出版社,2011.

3. 埃德加·莫兰. 迷失的范式：人性研究[M]. 北京：北京大学出版社,1999.

4. 邓晓芒. 在张力中思索[M]. 福州：福建教育出版社,2009.

5. 胡守钧. 社会共生论[M]. 上海：复旦大学出版社,2007.

6. 塞缪尔·亨廷顿. 文化的重要作用[M]. 北京：新华出版社,2010.

7. 王学泰. 游民文化与中国社会[M]. 北京：同心出版社,2007.

8. 卓新平. 宗教价值与公共领域：公共宗教的中西文化对话[M]. 北京：中国社会科学出版社,2008.

9. 王德峰. 梁启超文选[M]. 上海：上海远东出版社,1995.

10. 陈书良. 梁启超文集[M]. 北京：燕山出版社,1997.

11. 李金和. 平民化自由人格：梁启超新民人格研究[M]. 北京：知识产权出版社,2010.

12. 潘光旦. 民族特性与民族卫生[A]. 潘光旦文集（第3卷）[M]. 北京：北京大学出版社,1995.

13. 宋恩荣. 晏阳初全集（第一卷）1919－1937[M]. 长沙：湖南

教育出版社,1989.

14. 中国文化书院学术委员会.梁漱溟全集(第一.二.五卷)[M].济南:山东人民出版社,1992.

15. 朱汉国.梁漱溟乡村建设研究[M].太原:山西教育出版社,1996.

16. 李济东.晏阳初与定县平民教育[M].石家庄:河北教育出版社,1990.

17. 孙抱弘.从人到好人:公共生活与青少年品德养成[M].哈尔滨:黑龙江教育出版社,2013.

18. 钱学森.关于思维科学[M].上海:上海人民出版社,1986.

19. 郅庭瑾.为思维而教(第二版)[M].北京:教育科学出版社,2007.

20. 郅庭瑾.教会学生思维[M].北京:教育科学出版社,2001.

21. 佐佐木毅[韩]金泰昌.公共哲学(第1~10卷)[M].北京:人民出版社,2009.

22. 沈志华.一个大国的崛起与崩溃[M].北京:社会科学文献出版社,2009.

23. 林毓生.中国传统的创造性转换(增订本)[M].北京:三联书店2011.

24. 埃德加·莫兰.复杂思想:自觉的科学[M].北京:北京大学出版社,2001.

25. 克劳斯·迈因策尔.复杂性中的思维[M].北京:中央编译出版社,1999.

26. 约恩·吕森主编.思考乌托邦[M].济南:山东大学出版社2010.

27. 萧功秦.中国的大转型——从发展政治学自中国变革

[M].北京:新星出版社,2009.

28.谢·卡拉-穆尔扎.论意识操纵[M].北京:社会科学文献出版社,2004.

后　记

本书是《从"人"到"好人"——公共生活与青少年品德养成》（黑龙江教育出版社2013年版）的姐妹篇。两书都探讨了"好人"问题,都结合了定性与定量研究的方法,不过,《从"人"到"好人"——公共生活与青少年品德养成》侧重于人从物性人到理性人的相对静态有限的演变的必要性,而《让"人"做"好人"——当代国民素质演进的历史性反思与发展性愿景》则从更广阔的历史与现实的反思中,在更深层次的理论背景里,进一步探究了让"人"做"好人"的建构发展的可能性。两书相辅相成将此问题的探讨推进到笔者所能及的广度与深度,也是笔者在近十年来对此问题不断思考的一个总结。由于本人的眼疾日渐加重,本书是在张建、瞿钧等人的相助下得以完成,更是在几十年相知相助的同学的扶持下得以付梓。这里特别还要感谢的是刘淳诗医师与葛玲教授,正是在她们的精心医治下,我的眼疾才得到有效的控制,并使我完成了研究的夙愿。本书虽由我一以贯之地完成,但在具体写作中还是得到多方的合作,各章具体完成情况如下：

第1章　孙抱弘

第2章　孙抱弘

第3章　孙抱弘　张建

第4章　孙抱弘（本章写作得到邓伟志教授的悉心指导）

第5章　上海社会科学院"日常生活中非主流文化对国民素

| 后　记 |

质影响的研究"课题组(课题组成员包括组长:孙抱弘,主要成员:徐浙宁、程福财、华桦、张建等)

第6章　孙抱弘(第6章及第7章的写作得到了沙莲香教授的悉心指导)

第7章　孙抱弘、张建

第8章　孙抱弘

第9章　瞿钧、孙抱弘

孙抱弘
2016年11月16日

图书在版编目（CIP）数据

让"人"做"好人"：当代国民素质演进的历史性反思与发展性愿景 / 孙抱弘著. -- 哈尔滨：黑龙江教育出版社，2017.12
（民族精神与文化主题书系. 第二辑）
ISBN 978-7-5316-9147-1

Ⅰ. ①让… Ⅱ. ①孙… Ⅲ. ①民族心理素质－研究－中国 Ⅳ. ①C955.2

中国版本图书馆CIP数据核字(2017)第048493号

民族精神与文化主题书系（第二辑）

让"人"做"好人"——当代国民素质演进的历史性反思与发展性愿景
Rangren Zuo Haoren
——Dangdai Guomin Suzhi Yanjin De Lishixing Fansi Yu Fazhanxing Yuanjing

孙抱弘 著

选题策划	丁一平
责任编辑	李绍楠 黄 倩
封面设计	语墨弘源
责任校对	陈 宁
出版发行	黑龙江教育出版社（哈尔滨市南岗区花园街158号）
印　　刷	哈尔滨市石桥印务有限公司
开　　本	640毫米×960毫米　1/16
印　　张	15
字　　数	160千
版　　次	2018年3月第1版
印　　次	2018年3月第1次印刷
书　　号	ISBN 978-7-5316-9147-1
定　　价	35.00元

黑龙江教育出版社网址：www.hljep.com.cn